Zvi Cohen

mit Jörg Huber und Elisa Makowski

Der Junge mit der Mundharmonika

Studien und Dokumente zur Holocaust- und Lagerliteratur, Band 8

Herausgegeben für die Arbeitsstelle Holocaustliteratur und die Ernst-Ludwig Chambré-Stiftung zu Lich von Sascha Feuchert, Klaus Konrad-Leder (†), Markus Roth und Kristine Tromsdorf

Ohne die Opfer und Überlebenden der Verfolgung und ihre Zeugnisse bliebe vieles im Dunkeln und hätten wir nur ein sehr viel einseitigeres Bild vom Holocaust. Die Zeitzeugen haben in den letzten Jahrzehnten eine enorme Rolle in der öffentlichen Erinnerung, im Gedenken und vor allem auch in der Bildungsarbeit gespielt. Die Epoche der Zeitzeugenschaft des Holocaust aber neigt sich dem Ende zu. Die vielfältigen Zeugnisse der Ermordeten wie der Überlebenden jedoch bleiben. Ihnen – den Tagebüchern und Erinnerungen, den Romanen und Erzählungen, der Lyrik und den Dramen – und ihrer Erforschung sollen die „Studien und Dokumente zur Holocaust- und Lagerliteratur“ auch in Zukunft ein Forum bieten. Hier sollen wichtige Texte, auch in Übersetzung, geboten werden, damit sie gerade in schulischen und universitären Zusammenhängen eine Rolle spielen können.

Die Herausgeber:
Sascha Feuchert und Markus Roth
Arbeitsstelle Holocaustliteratur an der Justus-Liebig-Universität Gießen
Klaus Konrad-Leder (†) und Kristine Tromsdorf
Ernst-Ludwig Chambré-Stiftung zu Lich

Zvi Cohen

mit Jörg Huber und Elisa Makowski

Der Junge mit der Mundharmonika

Aus dem Ghetto Theresienstadt mit dem Zug in die Freiheit

Aus dem Hebräischen von Rachel Grünberger-Elbaz

METROPOL

Gedruckt mit freundlicher Unterstützung der
Ursula Lachnit-Fixson Stiftung und
der Kulturstiftung des Deutschen Fußball-Bundes

URSULA LACHNIT-FIXSON STIFTUNG

DEUTSCHER FUSSBALL-BUND

Die hebräische Originalausgabe „Mundharmonika in Theresienstadt“ wurde 2015 mit Unterstützung von Yad Vashem, Jerusalem, in Israel veröffentlicht; Recherche und Interview: Maya Tal; Lektorat: Amira Kedar
Interview, Recherche und Lektorat für die deutsche Ausgabe:
Jörg Huber und Elisa Makowski

Umschlagabbildungen: (vorn) Horst Cohn, 1945, Bundesarchiv Bern, Schweiz; (hinten) Zvi Cohen, 2014, Privatbesitz Elisa Makowski
Sofern nicht anders angegeben, stammen die Abbildungen in diesem Buch von Zvi Cohen

ISBN: 978-3-86331-485-9
ISBN: 978-3-86331-935-9 (E-Book)

Metropol Verlag
Ansbacher Straße 70 · D–10777 Berlin
www.metropol-verlag.de

Druck: buchdruckerei.de, Berlin

Inhalt

Zvi Cohen im Kibbuz Ma'abarot, April 2014 | Privatbesitz Elisa Makowski

Dieses Buch ist dem Andenken all meiner Familienangehörigen gewidmet, denen es nicht vergönnt war, ein selbstbestimmtes Leben in Freiheit und Sicherheit zu führen. Ebenso meinen geliebten Eltern, die mit mir gemeinsam ein neues Leben in Israel aufbauen durften.

Seit meiner grauenvollen Zeit im Ghetto Theresienstadt sind viele Jahre vergangen, doch meine Geschichte werde ich, solange ich kann, weitererzählen. Meine Erinnerungen mögen den heutigen und den kommenden Generationen als Orientierung für ihr Handeln dienen – allen voran meinen geliebten Enkeln und künftigen Urenkeln, die ihre Zukunft noch vor sich haben.

Zvi Cohen, Kibbuz Ma'abarot, Israel, im Juli 2019

Prolog

Dieses Mal sah der Zug ganz anders aus. Auf dem Bahnsteig des Ghettos Theresienstadt stand ein Personenzug, keine Viehwaggons wie sonst. Seine Eisenbahnwagen besaßen Fenster und Abteile mit bequemen Sitzen.

Die SS inspizierte den Zug und erteilte allen 1200 Passagieren den Befehl, sich in geordneten Reihen vor den Waggons aufzustellen. Sie unterzog uns einer letzten Kontrolle und stellte sicher, dass unser Erscheinungsbild einigermaßen sauber und ordentlich war. Jeder hatte sich, wie befohlen, die beste Kleidung angezogen, die er im Lager hatte auftreiben können, und alle trugen, wie befohlen, genau einen Koffer. Es war ein kalter, aber sonniger Tag.

Auf Geheiß der SS stiegen wir nun einer nach dem anderen ein, fast so, als wären wir normale Fahrgäste gewesen. Die Waggons füllten sich nur ganz langsam. Das Ganze zog sich über einige Stunden hin, da wir wenig Kraft hatten und viele alte und gebrechliche Leute unter uns waren. Doch die SS prügelte keinen von uns hinein wie sonst, wenn es ihr zu langsam ging. Als wir endlich abfuhren, saßen wir zu neunt in einem Abteil, und es war nicht einmal allzu eng. Weil ich müde war, kletterte ich nach einer Weile in das Koffernetz über unseren Köpfen, wo ich dösen oder aus dem Fenster schauen konnte.

Nach längerer Fahrt befahl die SS dann unterwegs den Frauen, Lippenstift aufzutragen, und den Männern, sich ordentlich zu rasieren. Und wir mussten alle unsere Judensterne abnehmen, was in jedem Nazi-Gebiet eigentlich mit dem Tod bestraft wurde. Diese Ansage verstörte uns – war das vielleicht wieder eine Falle? Aber wir gehorchten und taten, was die SS uns sagte.

Unsere Fahrt dauerte insgesamt zwei Tage. An uns zog ein stark verändertes Deutschland vorbei: Entwurzelte Bäume, Trümmer, erschöpfte und verletzte Soldaten oder Zivilisten, die sich am Straßenrand dahinschleppten. Viele Gebäude waren beschädigt oder zerstört. Es gab auf unserer Strecke nur noch ein intaktes Gleis, das nach den ständigen Bombardierungen immer wieder instandgesetzt worden war.

Unterwegs passierten wir einen Zug mit zahlreichen offenen Güterwagen, auf denen die Leichen deutscher Soldaten lagen. Eine über der anderen, ein wenig wie die Toten in Theresienstadt, die ich übereinander gestapelt und abtransportiert hatte. Manche hatten nicht mehr alle Gliedmaßen, einigen fehlte sogar der Kopf, viele waren blutverschmiert. Damit wir vorbeifahren konnten, hatte man diesen Leichenzug einfach zur Seite rangiert. Da verstand ich, dass Deutschland vollständig am Ende war.

In der Nacht sahen wir dann auf einmal am Horizont eine helle Gegend auftauchen – das musste endlich die Schweiz sein! Sie leuchtete wie ein riesiges Lichtermeer in der Finsternis, die uns umgab. Denn das Deutsche Reich war nachts gänzlich unbeleuchtet, um den Alliierten keinen Blick auf mögliche Bombenziele zu gewähren.

Im Morgengrauen hielt der Zug dann plötzlich an und die SS-Leute verließen unsere Waggons. Von den Zugtreppen aus befahlen sie uns noch, alle Fenster zu schließen. Dann ging plötzlich ein starker Ruck durch den Zug, der auch unseren Waggon erschütterte.

Die ganze Fahrt schon hatten uns Zweifel und die Frage gequält, was die Nazis wirklich mit uns vorhatten. In diesem Moment stieg die Furcht ins Unermessliche. Hatte die SS uns nur vorgegaukelt, dass wir freigelassen werden? Ihre Grausamkeit kannte schließlich keine Grenzen.

Der Junge mit der Mundharmonika

Aus dem Ghetto Theresienstadt mit dem Zug in die Freiheit

Wir glaubten, Deutsche zu sein

Schon als kleines Kind bläute man mir ein, dass ich anders war. Obwohl ich mich eigentlich gar nicht anders fühlte, wusste ich damals schon ganz genau, dass ich nicht dazugehörte, weil ich ein Jude war. Von Hitlerjungen bekam ich zu hören, dass meine Familie und ich zu einer verschlagenen und minderwertigen Rasse gehörten und daher schuld an allen Übeln der Welt seien, weshalb sie mich immer wieder verprügelten. Angst wurde mein ständiger Begleiter. Sie lauerte überall – auf der Straße, auf dem Weg zur Schule, hinter jeder Ecke. Drohend schwebte ihr dunkler Schatten über jedem Schritt und Tritt.

Doch der Reihe nach. Mein Vater Max Cohn wurde 1907 in Hohensalza geboren. Das Städtchen lag in der preußischen Provinz Posen, die Teil des Deutschen Reiches war und nach wechselvoller Geschichte an das restliche Polen angrenzte. Die Mehrheit der Bevölkerung dort sprach weiterhin Polnisch, und als das Gebiet nach dem Ersten Weltkrieg 1919 wieder polnisch wurde, durften seine deutschsprachigen Einwohner frei wählen, ob sie bleiben oder lieber nach Deutschland umsiedeln wollten. Die Familie meines Vaters entschied sich für den Umzug. Seit Generationen sprachen sie nur Deutsch, sie fühlten sich wie Deutsche, und daher war ihre Entscheidung klar: Sie wollten Deutsche sein.

Papa war elf Jahre alt, als er mit seinen Eltern in Berlin ankam, das damals schon fast zwei Millionen Einwohner zählte. Er wohnte dort mit seiner Familie in der Winsstraße, zwischen Prenzlauer Berg und Mitte. Er war der älteste Sohn, hatte eine Schwester namens Charlotte und drei Brüder: Julius, Heinz und Martin. Sie waren einer nach dem andern im Abstand von jeweils zwei Jahren geboren. Seine Eltern, Wilhelm und Auguste Cohn, lieferten frischen Fisch und Gemüse an die Händler der Zentralmarkthalle in Berlin. Mein Vater trug schon früh zum Familienunterhalt bei und schob täglich im Morgengrauen eine große zweirädrige Karre zum Markt und half beim Ausladen. Erst danach ging er zur

Schule. Nach Unterrichtsende kehrte er zum Markt zurück, um zusammen mit seinen Eltern die übriggebliebene Ware zurückzutransportieren.

Nach seiner Schulzeit schloss er mit Erfolg eine Lehre zum Schneider ab und brachte es bis zum Meister, ein Titel, der besonders für Juden damals schon kaum zu erlangen war. Ein meisterlich maßgefertigter Anzug war ein Privileg, das sich nur wenige leisten konnten, und ein Schneidermeister war hoch angesehen. Mein Vater war gesellig und erzählte für sein Leben gern Witze und Geschichten. Er konnte sich behaupten und einiges einstecken, als junger Mann boxte er in einem Sportverein. Seine Nase wurde dabei, wie bei vielen Boxern, mehr als einmal angebrochen.

Meine Mutter Gertrud, geborene Heller, und mein Vater trafen sich zum ersten Mal auf einer Veranstaltung der jüdischen Gemeinde im Blau-Weiß, einem jüdischen Sportclub. Sie war 1908 in Berlin zur Welt gekommen und eine kluge Frau, scharfsinnig und kritisch. Sie drückte sich typisch berlinerisch häufig unverblümt und direkt aus, dafür war sie in unserer Verwandtschaft ziemlich berüchtigt. Sie war sehr schön, achtete auf ein gepflegtes Äußeres und machte sich immer hübsch. Im Kreis ihrer Familie war sie herzlich, mir eine liebevolle Mutter und meinem Cousin Jonny eine gute Tante. Zu Hause sang sie gerne nebenher und strahlte immer gute Laune aus. Sie arbeitete als Stenotypistin in einer Anwaltskanzlei und hatte noch drei Geschwister: Paul, Rosa und Benno. Ihr Vater Gustav und der älteste Bruder Paul waren Textilhändler, sie verkauften wunderbare Stoffe, Garn und Nadeln.

Ihre Mutter hieß Henriette, ich nannte sie immer Oma Jette. Sie war die Einzige in meiner Familie, die als traditionelle Jüdin lebte. Ihre Küche war koscher, am Schabbat ließ sie die Arbeit ruhen, und an den Feiertagen zündete sie die traditionellen Kerzen an. Meine Großmutter hielt sich auch an die jüdischen Fastentage, und diese Tradition hat meine Mutter für Jom Kippur, den höchsten jüdischen Feiertag, übernommen. Mutter fastete an diesem Tag jedoch weniger aus einer streng religiösen Überzeugung heraus wie Oma, sondern mehr, um ihre Willensstärke zu üben.

Meine Eltern waren jüdisch geprägt, aber eigentlich nicht religiös. Sie gingen wie die meisten Juden aus Gewohnheit an den höchsten jüdischen Feiertagen, also dem jüdischen Neujahr Rosch ha-Schana und an Jom Kippur, in die Synagoge. Auch der Zionismus, die Idee, in Palästina einen jüdischen Nationalstaat zu gründen, war für meine Eltern damals kein Thema. Sie haben weder davon geträumt noch darüber gesprochen, als sie sich kennenlernten. Ihre Namen und die Namen ihrer Geschwister waren typisch deutsch, und sie fühlten sich als Deutsche.

1929, ein Jahr bevor er meine Mutter heiratete, hatte Vater das Glück, eine feste Stelle bei der jüdischen Gemeinde von Berlin zu bekommen. Er arbeitete für sie als Lehrmeister des Schneiderhandwerks und als Pädagoge in einem neuen Internat für schwer erziehbare Jugendliche, das im November desselben Jahres in Wolzig neu gegründet worden war. Es lag 60 Kilometer von Berlin entfernt in der brandenburgischen Gemeinde Heidesee.

Zunächst lebten dort 33 aus deutschen Gefängnissen entlassene jüdische Jungen im Alter von 14 bis 20 Jahren. Die deutschen Behörden wollten mit der Betreuung von jüdischen Jugendlichen im Allgemeinen nichts zu tun haben, da man ihnen einen besonders schlechten Einfluss auf die deutschen Kinder nachsagte. Sie schoben sie daher nach Möglichkeit in die Obhut der jüdischen Gemeinden ab. Ein Jahr später wuchs die Zahl der Heimzöglinge dann mit einem Schlag auf 70 an, als eine große Gruppe des „Hechaluz" hinzukam, eine zionistische Jugendbewegung.

Das Internat bestand aus einem Hauptgebäude, fünf Werkstätten, einem Gewächshaus und einigen Schuppen. Alle Schüler und das Personal wohnten, lernten und arbeiteten dort. Zur landwirtschaftlichen Ausbildung gehörte es, einen Gemüsegarten zu pflegen, Hühner zu halten sowie Pferde und Schafe zu züchten. Außerdem lernte man das Schreinern, das Schustern und eben das Schneidern. Die handwerkliche Schulung bereitete die Schüler auf die Landwirtschaft und den Arbeitsmarkt vor und sollte ihnen ermöglichen, doch noch ihren Platz in der Gesellschaft zu finden. Die entscheidende pädagogische Aufgabe bestand darin, ihre mangelhafte Erziehung nachzuholen. Mein Vater erwies sich dafür als besonders geeignet, obwohl er Schneidermeister und kein gelernter Pädagoge war. Er verstand und mochte die Jugendlichen und konnte sich ihnen gegenüber zugleich gut durchsetzen, womit andere bei schwierigen Fällen eher Probleme hatten. Daher übernahm er mit der Zeit immer mehr pädagogische Verantwortung.

Im August 1930 heirateten meine Eltern und zogen frisch vermählt in eine Angestelltenwohnung des Jugendheimes. Und wie meine Mutter immer wieder liebend gerne zu erzählen pflegte, erblickte ich ganz genau neun Monate nach ihrer Hochzeitsnacht am 21. Mai 1931 das Licht der Welt. Ich wurde als Horst Cohn im alten jüdischen Krankenhaus in Berlin geboren. Danach ging meine Mutter mit mir zu ihren Eltern nach Berlin, bis ich dort nach circa einer Woche beschnitten wurde. Bei dieser Zeremonie bekam ich wie viele deutsch-jüdische Kinder einen jiddischen Zweitnamen. Meiner lautete Herschel, er stand jedoch nicht in meinem Pass. Danach kehrten wir nach Wolzig zurück, und meine Mutter kümmerte sich jetzt vor allem um mich und den Haushalt. Als ich größer wurde, organisierten meine Eltern einen Babysitter, um zur Abwechslung mal zusammen in die Stadt oder ins Kino gehen zu können. Und am Wochenende, wenn Vater frei hatte, ruderte er bei schönem Wetter häufig mit uns gemeinsam über den großen Wolziger See. Schon als Kleinkind liebte ich das Wasser und vor lauter Begeisterung kippte ich einmal beim Spielen über den Rand des Bootes in den See. Mein Vater fischte mich geistesgegenwärtig so schnell heraus, dass ich mich nur deshalb erschrak, weil er mich dabei so fest anpacken musste. Trotzdem erzählte ich weiterhin ständig vom tollen „Wawa“ und planschte in jeder Pfütze herum. Später haben mir meine Eltern erzählt, dass sie diese Zeit in Wolzig als unsere schönste in Deutschland in Erinnerung behalten haben.

Ab 1933 begannen die Nazis dann, das jüdische Jugendheim systematisch zu schikanieren. Im Juni, nicht einmal ein halbes Jahr, nachdem die Nationalsozialisten die Wahl gewonnen hatten und Adolf Hitler zum Reichskanzler ernannt worden war, wurde das Heim zum ersten Mal durchsucht und geschlossen. Eine ganze Einheit der nationalsozialistischen Sturmabteilung, abgekürzt SA, drang in das private Gelände ein, setzte alle Anwesenden fest und umstellte das Haupthaus. Die wegen ihrer Uniformen auch „Braunhemden“ genannten Männer durchsuchten es von oben bis unten und stellten alles auf den Kopf.

Meine Mutter berichtete später, dass sie gleich zu Anfang beobachtet hatte, wie SA-Leute Schriftstücke und eine Pistole im Haus deponierten, um dem Heim etwas Kriminelles anzuhängen. Einen Teil davon habe sie noch schnell in dem kleinen Lastenaufzug verschwinden lassen können, den man zwischen dem ersten und dem zweiten Stock rauf und runter schicken konnte. In diesem Aufzug habe ich als Baby gerne

Horst Cohn in Wolzig 1933

gehockt, und meine Eltern haben mich zum Spaß immer wieder hin und her gefahren.

Viele Heimschüler sympathisierten mit der kommunistischen Partei und anstatt während der Razzia unterwürfig den rechten Arm zum Hitlergruß hochzureißen, wie die Nazis das gerne gehabt hätten, erhoben sie wütend ihre geballten linken Fäuste und riefen: „Rotfront!“ Mein Vater berichtete mir später lachend, dass ich sie nachgeahmt und mit erhobenem Fäustchen herummarschiert und immer wieder „Hothont!“ geplappert habe. Zum Glück habe das die SA-Männer nicht interessiert.

Nach der Durchsuchung stand ich als Knirps zusammen mit meinen Eltern, der Belegschaft und den Jugendlichen, umringt von SA-Männern, auf dem Hof, wo sie uns alle festnehmen wollten. Doch meine Mutter ging einfach mit mir an der einen und Vater an der anderen Hand unerschrocken auf zwei SA-Männer zu und zog deren Hände auseinander. Wir gingen schnurstracks zwischen den verdatterten Gestalten durch und fuhren zu unseren Verwandten nach Berlin. Meine Mutter erzählte später immer mit Stolz von der Chuzpe, mit der sie die Einkreisung der Nazis durchbrochen hatte.

Die anderen jüdischen Angestellten und die Schüler wurden für einen Monat zur sogenannten Umerziehung in das Konzentrationslager Oranienburg geschickt. Die SA beschlagnahmte sämtliche Gebäude des Jugendheims, konfiszierte das gesamte Inventar und nutzte den Ort fortan für ihre Schulungszwecke. Diese Enteignung war nur die erste gewesen, in den nächsten zehn Jahren zwangen die Nazis das Heim ständig zum Umzug. Die jüdische Gemeinde musste notgedrungen immer wieder eine neue Bleibe suchen. Nicht immer gelang es ihr, eine gut geeignete Anlage mit landwirtschaftlicher Nutzfläche zu finden, aber sie war fest entschlossen, das Internat in seiner einzigartigen Form zu bewahren.

Wir hatten inzwischen zum Glück im selben Haus, in dem die Eltern meiner Mutter wohnten, unter dem Dach eine Wohnung mieten können. Das Haus stand in der Zehdenicker Straße 28, einer kleinen Nebenstraße am Rande des jüdischen Viertels zwischen Prenzlauer Berg und Mitte. Sie verlief parallel zu einer viel genutzten Chaussee, der Torstraße, doch bei uns war es ziemlich ruhig. Mir kam wunderbar zupass, dass Opa Gustav und Oma Jette im ersten Stock lebten. Ich liebte beide sehr und konnte sie jetzt so oft besuchen, wie ich nur Lust hatte. Sie freuten sich jedesmal über mich, und Opa spielte den ganzen Tag lang Karten mit mir, während Oma in der Küche Leckereien zubereitete. Manchmal traf ich dort auch meinen Cousin Jonny, und wir spielten zusammen im Wohnzimmer.

Ein jüdischer Junge in Berlin

Als die Nazis 1933 an die Macht kamen, begannen sie, Juden aus dem gesamten öffentlichen Leben zu drängen. Sie riefen zum Boykott von jüdischen Geschäften auf und schikanierten jüdische Schulen, Gemeinden

Horst Cohn mit seiner Mutter Gertrud in Berlin 1935

und Vereine. Jüdische Künstler durften nicht mehr auftreten, jüdische Wissenschaftler verloren ihre Anstellungen an den Universitäten, und jüdische Beamte wurden aus dem Staatsdienst entlassen. Im September 1935 verabschiedete dann der Deutsche Reichstag einstimmig die sogenannten Nürnberger Gesetze, in denen Juden als feindliche Rasse gebrandmarkt wurden. Damit ging der Verlust der Bürgerrechte einher, und jede Heirat mit „arischen" Deutschen war seitdem „zum Schutz des deutschen Blutes" strikt verboten und galt als „Rassenschande". Verließ ein Jude das deutsche Staatsgebiet, verlor er automatisch seine Staatsbürgerschaft.

Im Laufe der folgenden Jahre erließen die Nazis für Juden Verbot um Verbot. Wir durften bald kein Telefon, kein Radio, keine Orchester-Instrumente, keinen Führerschein und kein Automobil mehr besitzen. Es war uns verboten, im See zu baden, ins Kino zu gehen, ein Restaurant oder das Theater zu besuchen. Eines Tages war es uns sogar untersagt, auf einer öffentlichen Bank zu sitzen, dort stand dann wie überall: „Juden unerwünscht!"

Benno Heller, der Bruder meiner Mutter, war Jude und zudem Kommunist und beschloss schon 1935, nach Palästina auszuwandern, um der Verfolgung zu entgehen und den zionistischen Traum zu verwirklichen.

Er konnte auch Mutters Schwester Rosa von der Flucht überzeugen, sodass von den Geschwistern meiner Mutter nur noch ihr Bruder Paul mit seiner Familie in Berlin zurückblieb.

Paul war ein leicht übergewichtiger, sehr gutherziger Mann, der einen Textilhandel betrieb. In seinem Laden war ich gerne, weil ich dort so schön mit seinen Stoffen spielen konnte. Bis heute erinnere ich mich an ihre verschiedenen Gerüche und das schöne Gefühl, sie sanft durch meine Hände gleiten zu lassen. Abgemessen wurden sie mit einem großen Holzlineal, das eine scharfe metallbeschlagene Kante hatte. Da ich ziemlich neugierig und unvorsichtig war, durchbohrte ich mir eines Tages versehentlich mit diesem Lineal die Wange und zerschnitt mir den Mund. Es floss eine Menge Blut und ich musste dringend zum Arzt. Wer aber würde mich aufnehmen und behandeln mit einem jüdischen Familiennamen wie Cohn? Vater und ich mussten von einer Notaufnahme zur nächsten eilen, bis man mir endlich in einem Krankenhaus half, die Wunde zu versorgen und die Blutung zu stoppen.

Nicht lange danach waren wir schon wieder auf ärztliche Versorgung angewiesen: Mit fünf Jahren erkrankte ich an Diphtherie und Scharlach, begleitet von einer schweren Mittelohrentzündung. Mein Fieber stieg und stieg. Meine Eltern schleppten mich, schwer krank, von einer Klinik zur nächsten, doch überall wies man uns ab, bis wir schließlich zu einem von Nonnen geleiteten christlichen Spital kamen, das Juden noch half.

Meine Ohrentzündung wurde immer schlimmer, meine Schmerzen nahmen überhand, und der Eiter wollte nicht abfließen; die Infektion drohte, sich weiter auszubreiten. Weil das akute Lebensgefahr bedeutete, wollten mich die Ärzte spätestens am Abend operieren und eine Öffnung schaffen. Aber auch die Operation, erklärten sie meinen Eltern, sei keineswegs ohne Risiko. Alle, die sich ihr unterzogen, litten zeit ihres Lebens unter Ohrproblemen. Die Prognose war also nicht gerade rosig.

Am Abend wurde ich wie geplant in den Operationssaal gebracht. Von Fieber und Schmerzen halb betäubt, summte ich die Lieder und Gebete, die die Ordensschwestern mir bis dahin beigebracht hatten. Als der Chirurg das hörte, machte er meinen Eltern unmissverständlich klar, dass bei einem Jungen, der noch so singen kann, die gefährliche Operation warten kann. Man verfrachtete mich also unverrichteter Dinge zurück aufs Zimmer. In derselben Nacht brach sich tatsächlich der Eiter selbst Bahn und floss aus beiden Ohren ab. Endlich konnte ich genesen.

Die Nonnen verliebten sich in mich, weil ich, sobald es mir besser ging, mit einem Rosenkranz in der Hand auf der Station herumlief und sang. Das interpretierten sie natürlich als ein himmlisches Zeichen und wollten mich zum Christentum bekehren. Sie wandten sich an meine Eltern und baten darum, mich ganz in ihre Obhut zu geben. Sie versprachen, mich zu beschützen und gut für mich zu sorgen, falls ich konvertieren würde. Meine Eltern erschraken und wollten mich noch am selben Tag mit nach Hause nehmen, was mein Zustand aber nicht erlaubte. Also blieb ich noch im Krankenhaus - unter der Bedingung, dass man mich dort nur behandeln und nicht zum Christen bekehren würde.

Wer weiß, wie viel Elend mir erspart geblieben wäre, wenn ich damals tatsächlich Christ geworden wäre. Oder etwa nicht?

Nach drei Monaten hatte ich mich durch die Fürsorge der Nonnen schließlich erholt und kehrte nach Hause zurück.

Entrechtet und ohnmächtig

1936 saß das Nazi-Regime schon fest im Sattel und wollte der Welt vorgaukeln, dass sein neues Deutsches Reich ganz normal und friedlich sei. Die Olympischen Spiele in Berlin kamen ihm gerade recht, um der Welt vorzuführen, wie weltoffen Nazi-Deutschland angeblich war. Für die Zeit der Wettbewerbe stellten die Nazis alle antisemitische und rassistische Propaganda ein und entfernten die üblichen Schilder, die Juden anprangerten und verhöhnten. Viele Gäste aus aller Welt ließen sich bereitwillig davon blenden, dass die Nazis zeitweilig Kreide gefressen hatten.

Gleich nach den Spielen hielten sie es aber nicht mehr für nötig, die verlogene Fassade aufrechtzuerhalten: Sie begannen hemmungsloser als je zuvor, ihren Wahn von einer jüdischen Weltverschwörung gegen Deutschland zu verbreiten, und hetzten alle Deutschen dazu auf, uns das Leben zur Hölle zu machen. Ich war gerade einmal fünf Jahre alt und musste erleben, wie meine Welt sich von Grund auf änderte. Ich war ein ganz

Horst Cohn in Berlin 1936

normaler, relativ dunkelhäutiger und hoch aufgeschossener kleiner Junge und wollte mich neugierig und abenteuerlustig wie die anderen Kinder mit so wichtigen Dingen wie dem Sammeln von Murmeln und Straßenspielen beschäftigen. Doch meine Eltern begannen, mir nun immer wieder sehr eindringlich zu erklären, dass ich ihnen zu meiner eigenen Sicherheit jederzeit gehorchen müsse und auf der Straße nicht auffallen solle.

Als ich mit sechs Jahren in die Grundschule gehen durfte, musste ich in eine rein jüdische Einrichtung gehen, da deutsche Schulen überhaupt keine Juden mehr akzeptierten. Die jüdische Gemeinde hatte deswegen in der Choriner Straße bei uns in der Nähe eine neue Schule aufgemacht. Meine Mutter achtete sehr darauf, dass ich ordentlich lernte und meine

Hausaufgaben umgehend erledigte. Sie erzog mich zu Aufmerksamkeit und Fleiß, und ich strengte mich ihr zuliebe besonders an. Mir fiel das Lernen leicht, und als ich gute Noten nach Hause brachte, zeigte Mama den Verwandten stolz meine Zeugnisse und erzählte davon, wie die Lehrer mich lobten. Bei Fehlern korrigierte sie mich und schimpfte auch manchmal mit mir. Daher wollte ich alles ganz richtig machen, und als ich endlich lesen konnte, buchstabierte ich alle Wörter, die mir in den Blick gerieten.

Bei den kurzen Erläuterungen auf unserem Gasheizofen war ich mir daher völlig sicher, einen schweren Fehler entdeckt zu haben. „Heizung“ musste selbstverständlich mit „tz“ geschrieben werden, erklärte ich meiner Mutter. Als sie das auch trotz meiner exakten Begründung partout nicht einsehen mochte, wurde ich fuchsteufelswild und brüllte herum. Das war das einzige Mal, dass sie mir eine Schelle verpasste. Sonst konnten meine Eltern auf meine Einsicht bauen, und auch mein Vater wurde nur dann wütend, wenn ich überhaupt nicht auf ihn hörte und mich dabei auch noch selbst in Gefahr brachte. Als ich mich bei uns im vierten Stock einmal gefährlich weit aus dem Fenster lehnte, um die ganze Straße überblicken zu können, versohlte er mir anschließend ordentlich den Hintern. Immerhin wusste ich da, warum er mich haute.

Im August 1938 musste ich dann plötzlich meinen Namen neu lernen. Für den Fall, dass ich einmal verloren gehen sollte, hatte mir Mutter bislang beigebracht, zu sagen, dass ich der Horst Cohn bin und in der Zehdenicker Str. 28 wohne. Jetzt trichterte sie mir plötzlich ein, dass ich Horst „Israel“ Cohn war. Denn das war mein neuer offizieller zweiter Vorname. Auch mein Vater bekam den Zweitnamen „Israel“ verpasst, so wie es sich die Nazis ausgedacht hatten, damit alle männlichen Juden sofort am Namen erkennbar waren. Meine Mutter bekam wie alle Jüdinnen den Zweitnamen „Sara“.

„Bis das Judenblut vom Messer spritzt“

In der Nacht vom 9. auf den 10. November 1938 steckten die Deutschen alle großen Synagogen in Brand, zertrümmerten die Schaufenster jüdischer Geschäfte und plünderten sie schamlos. Ich konnte ihr aufgeregtes

Gebrüll und das Klirren zerberstender Glasscheiben bis in mein Zimmer hören. Sie grölten dabei manchmal Gesänge wie „Bis das Judenblut vom Messer spritzt". Später wurden die schrecklichen Novemberpogrome als „Kristallnacht" bezeichnet – wegen der Scherbenhaufen, die danach überall in der Stadt herumlagen.

In dieser Nacht ermordeten die Deutschen in Berlin etliche Juden und nahmen Tausende willkürlich in Haft. Meine Eltern bekamen mit, wie Opa Gustav ohne jede Vorwarnung aus seiner Wohnung verschleppt wurde. Am nächsten Tag erfuhr Mutter von der jüdischen Gemeinde, dass er wie die meisten im Konzentrationslager Sachsenhausen inhaftiert worden war, und überlegte, wie sie ihn da rausholen konnte. Mutter wälzte Gesetzesbücher und fand dabei einen wichtigen Paragrafen. Wie sie später erzählte, ging sie mit ihrem Wissen schnurstracks zum Berliner Polizeipräsidenten und erklärte ihm, dass er gar nicht berechtigt sei, Personen über 65 Jahren in einem sogenannten Arbeitslager gefangen zu halten. Sechs Wochen später durfte Opa zum Glück wieder nach Hause zurückkehren.

An Großvater Gustav erinnere ich mich als einen beeindruckenden Mann, der einen dicken Bauch und einen großen Schnurrbart mit aufwärts gezwirbelten Spitzen hatte und ein Monokel trug. Aus seiner Westentasche blitzte an einer feinen Kette eine golden glänzende Taschenuhr. Als kleiner Junge liebte ich es, auf seinem Schoß zu sitzen, sie herauszuziehen und dann aufschnappen zu lassen. Mein Großvater hatte eine dröhnende, tiefe Stimme und einen Igelhaarschnitt, ähnlich wie heute die amerikanischen Marinesoldaten. Sein an Kaiser Wilhelm erinnerndes Erscheinungsbild war preußisch-deutsch: würdevoll, pompös und ehrfurchtgebietend. Im Ersten Weltkrieg hatte er als Regimentshauptfeldwebel im kaiserlichen Reiterkorps gedient und das Eiserne Kreuz bekommen.

Doch nun kehrte dieser stolze Mann als ein Schatten seiner selbst aus dem Lager zurück, abgemagert, zitternd und weinend. Nichts erinnerte mehr an seine einst so aristokratische Gestalt. Ich war voller Mitleid für meinen Großvater und weinte mit ihm. Ich konnte nicht begreifen, was ihm zugestoßen war – ich war gerade erst sieben Jahre alt. Er murmelte ohne Unterlass: „Sie haben mir die Füße kaputt gemacht, sie haben mir die Füße kaputt gemacht", aber weiter sagte er nichts. Er erholte sich mit der Zeit wieder ein wenig, wurde jedoch nie wieder zu dem starken und beeindruckenden Mann, der er gewesen war. Er wirkte, als ob man ihm alle Lebenskraft geraubt hätte, selbst das Kartenspielen hat ihm danach keinen richtigen Spaß mehr gemacht. Erst viele Jahrzehnte später konnte ich auf eigene Faust in Erfahrung bringen, was er in Sachsenhausen durchmachen musste.

Vaters Schwester Charlotte wohnte mit ihrem Mann und ihrer Tochter Judith nur einige Straßen von uns entfernt. Sie beschlossen nach den Novemberpogromen, Deutschland zu verlassen. Charlotte und ihre Familie glaubten nicht länger, wovon viele deutsche Juden damals nach wie vor überzeugt waren: dass das Land Goethes nicht noch tiefer sinken könnte.

An allen Ecken hörten wir den Ruf „Juda verrecke!" und die Aufforderung „Geht nach Palästina!". Aber der Weg aus dem Land war mit endlosen, fast unüberwindbaren bürokratischen Hindernissen gepflastert, und nur wenige Länder waren bereit, Juden aufzunehmen. Wer Deutschland verlassen wollte, musste dafür eine hohe Geldsumme zahlen und sich verpflichten, seinen gesamten Besitz ans Deutsche Reich zu übertragen. Wenn man dann endlich eine Ausreisegenehmigung erhielt, durfte man fast kein Geld mitnehmen. Und wer nicht genug besaß, musste ohnehin andere Wege finden, um der sich immer deutlicher abzeichnenden Hölle zu entkommen.

Eine Möglichkeit war, mit Unterstützung zionistischer Organisationen und einem Zertifikat der britischen Mandatsregierung nach Palästina zu gelangen. So sind einige meiner späteren Kibbuz-Genossen noch als Kinder und Jugendliche gerettet worden, bevor es zu spät war. Eine andere Möglichkeit bot die chinesische Großstadt Shanghai. Sie gewährte einigen jüdischen Flüchtlingen Asyl, und rund 20 000 Juden schafften es, auf verschiedenen Routen per Schiff ins entfernte Shanghai zu gelangen. Tante Charlotte und ihre Familie gehörten zu ihnen, und sie wohnten dort unter sehr ärmlichen Bedingungen bis zum Kriegsende in einem jüdischen Flüchtlingslager, zeitweise unter der brutalen Besatzung der Japaner, die die Juden aber trotz ihres Bündnisses mit dem Deutschen Reich nicht verfolgten oder auslieferten.

Mutters Bruder Paul floh mit seiner Familie und meinem Cousin Jonny 1938 nach Belgien. Sie konnten sich dort erfolgreich verstecken und emigrierten 1948 in die USA. Jonny, der in der Résistance kämpfte, lernte in Belgien seine spätere Frau, Georgette Traksbetriger, eine geborene Belgierin, kennen. Sie selbst sah nicht jüdisch aus und konnte das Versteck im Untergrund verlassen, um Einkäufe zu machen. Doch eine Klassenkameradin von Georgette, die in Verbindung mit der deutschen Besatzung stand und sie auf der Straße sah, verpfiff sie bei den Nazis. Daraufhin wurde Georgette nach Auschwitz deportiert. Sie war dort vier Jahre lang im Stammlager und überlebte nur, weil eine Mitgefangene, die eine leitende Funktion hatte, sie beschützte. Sie hatte enormes Glück und konnte bis zur Befreiung am 27. Januar 1945 überleben. Nachdem Jonny Georgette nach langer Suche endlich wiedergefunden hatte, heirateten sie.

Die Juden in Deutschland waren inzwischen auf der Straße Freiwild. Hitlerjungen aus meiner Nachbarschaft lauerten mir auf dem Weg zur Grundschule auf und verprügelten mich unter „Juda verrecke!"-Rufen. Alle deutschen Jungen ab dem Alter von zehn Jahren mussten damals zu dieser Hitlerjugend, kurz HJ. Sie hatten schöne Uniformen an, trugen die rote Binde mit dem Hakenkreuz auf dem linken Arm und einen eleganten Dolch am Ledergürtel, hielten Paraden ab und besaßen sogar ein Orchester für Marschmusik. Ich beneidete sie um das alles. Wenn sie bei den Aufmärschen laut spielten und ihre Fahnen schwenkten, fühlte ich mich ihnen zugehörig – obwohl ich schon genau wusste, dass ich es nicht war.

Wenn sie mich überfielen, pflegten diese Burschen mich mit einer Pferdepeitsche zu schlagen, die aus einem kurzen Griff mit langem dünnen Lederriemen und einer Metallkugel am Ende bestand. Ich konnte nicht verstehen, wieso sie mich damit malträtierten, und fragte heulend: „Warum schlagt ihr mich?" – „Weil du Jude bist", keiften sie. „Na und?", beharrte ich. „Warum?" – „Weil ihr Jesus gekreuzigt habt", behaupteten sie. Ich schwor, dass ich das ganz bestimmt nicht gewesen sei und auch sonst garantiert keiner aus meiner Familie, aber es wollte alles nichts helfen. Sie rotteten sich immer wieder auf der Straße zusammen und schlugen genussvoll mit der Peitsche zu. Sie liebten ihren lauten Knall und trugen dabei ihre beeindruckenden Uniformen, so adrett und so stark. Und obwohl sie mich so quälten, beneidete ich sie noch immer.

Gegen die Gewalt der Hitlerjungen war nichts zu machen, die neuen Gesetze verboten streng, einen Uniformierten auch nur anzutasten – und damals schien fast jeder zweite Deutsche irgendeine Uniform zu tragen. Eines Tages beobachtete ich, wie ein Vater seinem Sohn die Leviten las. Immer wieder gab der Sohnemann in HJ-Uniform seinem Vater patzige und unverschämte Antworten. Als der Mann seinem Sprössling deswegen eine satte Ohrfeige verpasste, ging der Junge danach zur Polizei und denunzierte seinen eigenen Vater, der dafür einen Monat ins Gefängnis kam.

Wegen der Hitlerjungen auf meinem Schulweg fürchtete ich mich und bat meinen Vater, mich zu begleiten. Als wir auf der Straße auf die Burschen stießen, machten sie sich aber einfach wie gewohnt über mich her und schlugen mich bis aufs Blut. Mein Vater konnte sie bloß anflehen, sich meiner zu erbarmen, und durfte doch nichts gegen sie tun, sonst hätte ihm noch viel Schlimmeres als mir gedroht. Mir fehlen noch heute die Worte, unser Gefühl der Erniedrigung und die Ohnmacht zu beschreiben. Mein Vater, mein starker großer Beschützer, ließ mich im Stich. Er musste ohnmächtig vor einer Gruppe zehnjähriger Halbstarker kapitulieren. Danach bin ich immer den zu meinem Glück kurzen Schulweg gerannt, um ihnen möglichst selten in die Arme zu laufen.

Solche Hitlerjungen haben dann kurz vor Kriegsende, als die Rote Armee bereits in Berlin stand, noch einen Guerillakrieg auf den Straßen geführt. Mit fanatischer Überzeugung und in fester Treue zum Führer kämpften sie bis zur letzten Kugel und starben für Hitler, weil sie das für einen Ehrentod hielten.

Als 1939 der Zweite Weltkrieg mit dem Überfall auf Polen und dem ersten Sieg im Blitzkrieg begann, wurden die Deutschen noch wahnsinniger und begannen, von der Weltherrschaft zu träumen. Für mich änderte sich erst einmal wenig, der Krieg war noch weit entfernt. Ich ging weiter in die jüdische Schule, und wir lernten sämtliche Fächer des deutschen Curriculums und feierten zusätzlich die jüdischen Feiertage. Am Tu biSchevat, dem Neujahrsfest der Bäume, pflanzten wir im Schulhof symbolisch einen Baum. An Chanukka, dem jüdischen Lichterfest, zündeten wir den neunarmigen Leuchter an, die Chanukkia, und bekamen sogar Süßigkeiten, solange sie in Deutschland noch nicht knapp geworden waren.

Unsere Schule hatte im Gegensatz zu den öffentlichen Gebäuden und Mietshäusern sogar einen Luftschutzkeller, in den wir Juden bei den

Horst Cohn in Berlin, Anfang 1943

drohenden Bombenangriffen flüchten durften. Ich erinnere mich an eine aufregende Luftschutzübung, die einerseits eine willkommene Abwechslung vom Schulalltag war, andererseits bekam ich schon allein von der Vorstellung herunterfallender Bomben Angst.

Wir unternahmen weiterhin Schulausflüge, und bei einer dieser Wanderungen gerieten wir plötzlich in ein so heftiges Gewitter, dass ich mich zu Tode erschrak. Ich setzte mich an den Wegesrand und wandte mich spontan mit einem Gebet an Gott. Ich dachte, dass er mich wenigstens vor dieser Naturgewalt beschützen könnte, wenn er schon gegen meine Peiniger machtlos war, bei denen alles Bitten und Beten nichts half. Das Stoßgebet beruhigte mich, und ich fühlte mich erst einmal besser.

Als ich wie so viele Jungs in diesem Alter in Papas Heim meine Kletterkünste an einer steilen Stelle erprobte, rutschte ich unglücklich aus und stürzte aus ziemlich großer Höhe ab. Noch im Fallen rief ich: „Hilfe, rettet mich vor dem erbarmungslosen Tod!" Dann schlug ich heftig auf und brach mir den Kiefer und verlor einen Stiftzahn. Zum Glück war ich nur ohnmächtig geworden, und mein Vater eilte von einer Unfallstation zur nächsten, bis man irgendwo endlich bereit war, einen Judenjungen zu versorgen.

Trotz aller Schwierigkeiten und wachsender Angst versuchten wir, wie die meisten Berliner Juden, unseren Alltag so normal wie möglich zu gestalten. Seit die großen Synagogen in der „Kristallnacht" niedergebrannt worden waren, kam die jüdische Gemeinde zumindest an den hohen Feiertagen zu improvisierten Gottesdiensten zusammen. Und alle Juden, auch die wenig religiösen wie wir, trafen sich so oft wie möglich in den verbliebenen jüdischen Einrichtungen oder privat zu Hause.

In die Wohnung verbannt

Die Nazis zerstörten ab September 1941 die letzten Reste öffentlichen jüdischen Lebens in Deutschland, indem sie uns alle zwangen, einen gelben Stern zu tragen, das Kainsmal der Juden. Dieser „Judenstern" musste ganz fest angenäht werden, damit man ihn nicht leicht entfernen konnte. So gebrandmarkt, konnte sich jeder Aufenthalt auf der Straße im Nullkommanichts zu einem Spießrutenlauf entwickeln. Nicht alle Deutschen behandelten uns direkt schlecht, aber wenn uns jemand anging, demütigte oder schlug, half uns auch keiner. Und wenn man ohne Stern erwischt wurde oder wenn ein Deutscher ihn herunterreißen konnte, dann drohte die Todesstrafe. Jungen und Männer, die ohne Stern unterwegs waren und in Verdacht gerieten, Juden zu sein, wurden von Nazis gezwungen, die Hosen herunterzulassen. Diese kontrollierten dann, ob sie beschnitten waren, und wenn sie keine Vorhaut mehr hatten, dann waren sie verloren.

Zur gleichen Zeit schlossen die Nazis endgültig alle jüdischen Schulen, und damit war auch das Letzte, was an meiner Kindheit noch normal gewesen war, auf einen Schlag vorbei. Ich war zehn Jahre alt und blieb nun zu meiner eigenen Sicherheit den ganzen Tag in unserer Dachwohnung.

Da meine Mutter jetzt auch noch zwangsweise bei der Straßenbahnreinigung arbeiten musste, war ich meistens allein.

Drei jüdische Freunde aus meiner Schule und meinem Viertel, mit denen ich mich zum Spielen getroffen hatte, sah ich nur noch gelegentlich vom Fenster aus, an dem ich jetzt häufig saß und hinunterblickte. Meine Freunde wagten sich ohne Judenstern auf die Straße, da sie im Gegensatz zu mir eher „arisch" aussahen und überhaupt nicht auffielen, ihre Haut und ihre Haare waren ziemlich hell. Ich dagegen hatte eine relativ dunkle Haut und schwarze Haare und wäre leicht verdächtigt worden. Noch eine Weile kommunizierten wir über Handzeichen, ich vom Fenster aus, sie von der Straße. Aber bald verschwanden sie einer nach dem anderen, ich sah sie eines Tages einfach nicht mehr. Meine Spielkameraden Steffi Salinger und Norbert Basowitz sind Anfang 1943 in Auschwitz ermordet worden, wie ich später recherchiert habe. Das Schicksal von Fredy Mühlstein habe ich nicht mehr in Erfahrung bringen können.

Zur Abwechslung konnte ich noch durch ein anderes Fenster auf unseren Innenhof schauen und einem Gockel dabei zuschauen, wie er sich zum Krähen aufplusterte. Unsere Nachbarn hielten, wie damals üblich, noch viele Haustiere im Hof. Und noch öfter als bisher besuchte ich meine Großeltern im ersten Stock und spielte mit Opa Karten, falls er dazu Lust hatte. Mitte 1942 sind Oma Jette und Opa Gustav dann plötzlich gezwungen worden, aus ihrer Wohnung auszuziehen. Ein nationalsozialistischer Parteifunktionär, der schon länger ein Auge auf ihr schönes Appartement geworfen hatte, riss es sich einfach unter den Nagel. Meine Großeltern wohnten danach eine Ecke weiter in der Lottumstraße 20 in einer Kellerwohnung, aber dort konnte ich mich nicht mehr hinwagen. Nur meine Eltern haben sich getraut, dort ab und an noch vorbeizuschauen.

In dieser Zeit besaß ich nichts als ein paar Bücher, eine Blockflöte und eine Mundharmonika; meine kleine Gitarre hatten meine Eltern abgeben müssen. Und auch den Wellensittich, mit dem ich spielte, durften wir schließlich wegen einer neuen Anordnung nicht behalten. Alle Haustiere waren für Juden nun verboten, und wir zögerten nur kurz, da unsere Nachbarn sein Pfeifen gehört hätten und uns gewiss jemand verraten hätte.

Ich beschäftigte mich also mit den Sachen, die mir geblieben waren. Mühle, Dame und Halma habe ich gegen mich selbst gespielt, ein bisschen wie der Gefangene in der Schachnovelle[1]. Mit den Spielkarten legte ich Patiencen, und meine paar Bücher las ich von A bis Z und umgekehrt, bis ich sie alle komplett auswendig kannte. Wenn mein Vater einmal da war, erzählte er mir zur Abwechslung tolle Geschichten oder die Handlung von Kinofilmen, die er gesehen hatte, als meine Eltern noch ins Kino durften. Meine Mutter sang mir vor, so oft sie Gelegenheit fand, und brachte mir die meisten deutschen Volks- und Heimatlieder bei. Im Laufe der Zeit merkte ich allerdings, dass sie die Töne nicht immer so ganz traf, und brachte mir selbst bei, die Lieder auf meiner kleinen Mundharmonika richtig zu spielen. Blockflöte fand ich ziemlich langweilig, aber auf meiner Mundharmonika habe ich Tag für Tag nach Gehör geübt. Ich spielte bald sehr sicher, ohne jemals Noten gesehen oder Musikstunden bekommen zu haben. Dabei saß ich meistens am Küchentisch oder auf einer Kiste im Wohnzimmer. Unsere guten Möbel hatten wir längst verscherbeln müssen, um das Allernötigste zu kaufen, und Vater hatte stattdessen Bretterverschläge zu notdürftigen Schränken zusammengenagelt und Holzkisten zum Sitzen besorgt.

Unsere Nachbarn durften mit ihren Radios, die jetzt Volksempfänger hießen, nur noch Nazisender hören, alle anderen waren verbotene Feindsender. Und um sich als besonders strammer Volksgenosse zu beweisen, war es üblich, die Propaganda so laut aufzudrehen, dass es auch ganz bestimmt jeder Nachbar mitbekommen musste. So konnte ich die ganze Marschmusik erlernen, die durch die Nachbarschaft schallte. Den Rest der Zeit verbrachte ich mit Putzen, Geschirrspülen und anderer Hausarbeit. Dabei wartete ich häufig angespannt und ängstlich auf die Rückkehr meiner Eltern.

Da sich die Lage buchstäblich von Augenblick zu Augenblick verschlimmerte und immer mehr Juden „evakuiert“ wurden, wie man das damals nannte, wollten sich die Verwandten meines Vaters verstecken.

1 „Die Schachnovelle“ ist eine Novelle von Stefan Zweig (1881–1942), die er 1942 im Exil publizierte. Im Mittelpunkt der Handlung steht Dr. B., ein Gefangener der Gestapo, der in der Einzelhaft Schach gegen sich selbst spielte, um nicht dem Wahnsinn zu verfallen.

Oma Gusti, Opa Willy, und die drei Brüder meines Vaters – Julius, Martin und Heinz zusammen mit dessen Frau Ruth und dem kleinen Töchterchen Recha – planten unterzutauchen.

Eines Tages teilten sie Vater mit, dass sie in Berlin ein Versteck gefunden und alles vorbereitet hätten, um dorthin umzuziehen. Vater wollte ihnen natürlich helfen, aber auf keinen Fall etwas Genaueres von ihrem Versteck hören. Denn je weniger man wusste, desto besser – so konnte man auch unter Folter nichts verraten, falls man verhaftet wurde. Also vereinbarte er mit seinen Geschwistern, dass er ihnen an einem festen Platz regelmäßig Geld hinterlegen und sie so unterstützen würde. Sie einigten sich auf den Boden eines Sandkübels, der vor unserem Wohnungseingang stand. Laut einer Notstandsverordnung im Krieg mussten Hausbewohner vor jeder Tür einen Kübel mit Wasser und einen mit Sand bereitstellen, da bei Bombenangriffen Brände ausbrachen, die man damit umgehend löschen und ersticken sollte.

Dort hinterließ mein Vater also jetzt immer wieder Geldscheine für seine Familie und sah täglich nach, ob sie abgeholt worden waren. Solange das geschah, wusste er, dass sie in ihrem Versteck ausharrten. Das ging so bis zu dem Tag, an dem die Scheine noch im Kübel lagen. Als sie nach weiteren zwei Wochen immer noch nicht abgeholt worden waren, vermuteten wir, dass unsere Verwandten wohl denunziert worden waren. Jedoch hatten wir damals keine Möglichkeit in Erfahrung zu bringen, was ihnen widerfahren war.

Mein Vater begann, jetzt doch noch Fluchtpläne zu schmieden, und es gelang ihm, Auswanderungsgenehmigungen für uns nach Uruguay oder Paraguay zu besorgen. Vielleicht hätten wir uns dorthin noch durchschlagen können, doch die jüdische Gemeinde redete ihm ins Gewissen, seine schwer erziehbaren Schützlinge im Jugendheim nicht einfach im Stich zu lassen. Sie wären ohne Betreuung auf der Straße gelandet. „Deine Aufgabe ist noch nicht erfüllt", sagte man ihm, und pflichtbewusst, wie er war, blieb er.

Nach all den erzwungenen Umzügen lösten die Nazis 1942 das Heim dann aber endgültig auf. Alle Jugendlichen wurden „evakuiert", ebenso wie die hauptsächlich jüdische Belegschaft. Von einem weiß ich, dass er wie wir später nach Theresienstadt kam. Ein „arischer" Angestellter hingegen, der dem jüdischen Jugendheim bis zuletzt treu geblieben war und den Vater als Kollegen mochte, verlor zum Glück nur seine Arbeit.

Da Vater nun nicht länger Angestellter war, kommandierten ihn die Deutschen zur Zwangsarbeit ab. Er war kräftig und musste daher nun das Gepäck transportieren, das andere Juden von zu Hause mitnehmen durften, wenn die Nazis sie abholten. Die Unglücklichen durften nur Gegenstände bis zu einem bestimmten Gewicht mitnehmen – aber sie versuchten natürlich zu retten, so viel sie konnten. Das meiste waren Dinge, die für sie in den Lagern später alles andere als nützlich waren oder dort ohnehin schon bei der Ankunft von den Nazis konfisziert wurden. Aber das wusste hier niemand, und gerade die älteren Leute brauchten Unterstützung, um ihr verbliebenes Hab und Gut zu den Sammelstellen zu transportieren. Meine Eltern mussten jetzt also beide lange Schichtdienste übernehmen, die häufig auch die ganze Nacht dauerten.

Wir wohnten in einem ursprünglich gemischten Viertel von Juden und anderen Berlinern, doch von unseren jüdischen Nachbarn war nun fast niemand mehr da. Einige unserer inzwischen „arischen" Nachbarn hatten mit meinen Eltern wenigstens noch bis Kriegsbeginn ab und an gesprochen. Als sich die Lage für uns aber mehr und mehr verschlechterte und vor allem seit wir den Judenstern tragen mussten, kam nur noch eine einzige Nachbarin manchmal zu uns in die Wohnung. Sie brachte uns dann einen Kuchen oder etwas anderes mit. Aber sie kam immer nur, wenn ihr Mann gerade nicht da war, also offenbar ohne sein Einverständnis.

Ob es während dieser furchtbaren und einsamen Zeit auch glückliche Momente gegeben hat? Ja, das waren die seltenen Gelegenheiten, bei denen wir alle drei, wenn auch meistens nur kurz, gleichzeitig zu Hause waren und beieinander saßen, miteinander aßen und wie in guten alten Zeiten über schöne Dinge redeten. Diese Stunden waren wie ein Freudenfest, die einzigen, die noch annähernd an eine Art Normalität und an eine heile Vergangenheit erinnerten.

Immer häufiger aber sprachen meine Eltern jetzt im Flüsterton miteinander. Ich bekam natürlich große Ohren und schnappte beunruhigende Satzfetzen auf wie: „Soundso wurde verschickt", und mir entfuhr die bange Frage: „Papa, wohin wurde er verschickt?" – „Ich weiß es nicht", antwortete mein Vater dann nur, „er ist nicht mehr da … fortgeschickt eben." Und ich hakte nicht weiter nach, weil ich spürte, dass eine genauere Antwort mir nur noch mehr Angst gemacht hätte.

Meine Eltern sprachen ebenso leise über die „Geheime Staatspolizei" – kurz „Gestapo". Das waren oft furchterregende Schlägertypen, deren Aufgabe darin bestand, jeden Widerstand gegen die Nazi-Herrschaft im Keim zu ersticken, indem sie Angst und Schrecken verbreiteten. Die deutsche Bevölkerung schien allerdings ohnehin wenig gegen die Nazis zu haben. Spätestens die anfänglichen Kriegserfolge haben die allermeisten Deutschen endgültig von ihrem Programm überzeugt. Die Gestapo überwachte daher vor allem uns Juden und sorgte dafür, dass wir uns an alle Verbote hielten. Und sie spürte mithilfe von Spitzeln und Denunzianten diejenigen auf, die sich den bevorstehenden Deportationen entziehen wollten.

Meine Eltern erwähnten auch die komische Formulierung „judenreines Gebiet". Ich dachte bei „rein" eigentlich nur an „sauber", und daher fragte ich, was das denn nun zu bedeuten habe. Meine Eltern erklärten mir, dass es dort überhaupt keine Juden mehr gebe, weil sie alle verschickt worden seien, und sagten, dass Deutschland bald ganz „judenrein" sein solle. Auch von den „Arbeitslagern im Osten" war des Öfteren die Rede, allerdings wusste niemand, wie das Leben dort war. Wir ahnten nur, dass es noch schlechter als hier war, und diese Ungewissheit machte mir schwer zu schaffen.

Wenn sie da war, konnte meine Mutter mich dennoch immer wieder mit ihrem unerschütterlichen Optimismus trösten. Sie trällerte liebend gerne „Es geht alles vorüber, es geht alles vorbei // auf jeden Dezember folgt wieder der Mai".[2] Dieser deutsche Hit war ein Durchhalteschlager im Krieg, doch aus dem Mund meiner Mutter hat er auch mir Hoffnung gegeben. Wenn meine Eltern aber beide bei der Zwangsarbeit waren, dann gab es wenig Trost. Kein Nachbar schaute mehr vorbei, und vom Fenster aus sah ich unten auf der Straße nur noch fremde Gesichter. Da war einfach niemand mehr, an den ich mich wenden konnte, und ich

2 Das sehr populäre „Walzerlied" stammt aus der Feder von Fred Raymond (1900–1954; Musik) sowie Kurt Feltz (1910–1982) und Max Wallner (1891–1951; Text). Gesungen wurde es von Lale Andersen (1905–1972). Zu dem Text existierten zahlreiche Parodien, die heimlich verbreitet wurden (z.B. „Es geht alles vorüber, es geht alles vorbei / erst Adolf Hitler, dann seine Partei").

musste mich daran gewöhnen, ganz alleine damit fertigzuwerden. Zum Verhätscheln war sowieso keine Zeit mehr. Was habe ich also gemacht, wenn ich mich unwohl fühlte oder gar richtig krank wurde? Ich trank einen Tee mit Aspirin.

Bomben auf Berlin

Der Krieg, der bislang hauptsächlich woanders getobt hatte, kam nun immer näher, die nächtlichen Angriffe alliierter Fliegerverbände häuften sich. Sie übersäten Berlin mit Bomben, um die deutsche Bevölkerung zu demoralisieren und die Nazis zur Kapitulation zu bewegen. In jedem Wohnhaus gab es einen sogenannten Luftschutzwart, der für die deutschen Hausbewohner verantwortlich war und dafür zu sorgen hatte, dass sie ihre Wohnung bei Fliegeralarm völlig verdunkelten, um den Bombern keine Orientierung zu bieten. Es war zu der Zeit deshalb nachts in Berlin häufig stockfinster, selbst die Autoscheinwerfer durften dann nur noch durch einen schmalen Spalt scheinen. Dann mussten die Deutschen in den dafür ausgebauten Kellern oder öffentlichen Bunkern Schutz suchen. Uns Juden war auch das strikt verboten. Völlig schutzlos überließ man uns den Bombenangriffen, und wir wohnten ja auch noch direkt unter dem Dach.

Was mache ich also, wenn Fliegeralarm ertönt und kurz darauf Spreng- und Brandbomben explodieren und die Scheiben bis kurz vor dem Zerbersten erzittern lassen? Ich reiße ein Fenster auf, sehe mir das mörderische Schauspiel an – und bin begeistert! Bombenangriffe sind faszinierend, solange sie nicht einen selbst treffen. Hier und da geht ein Gebäude in Flammen auf, Hauptsache es ist nicht unser Haus. Die Explosionen sind ohrenbetäubend, dazwischen heulen auf den Dächern überall die Sirenen, und immer wieder feuern die Geschützbatterien, die mit starken Scheinwerfern den Himmel ausleuchten und mit Flugabwehrkanonen auf die hoch fliegenden Bomber zielen. Die Geschosse, die aufsteigen, und die Bomben, die einschlagen, bilden riesige Lichterketten am Himmel – ein Feuerwerk von einzigartiger Schönheit.

Nach dem Bombardement breitet sich in krassem Gegensatz zum höllischen Kriegslärm plötzlich Totenstille aus. Allmählich sind die Schreie der Verletzten zu hören, das Weinen, die Hilferufe und das Sirenengeheul der Ambulanzen. Ich bin ungeheuer erleichtert darüber, dass es mich auch diesmal nicht erwischt hat. Denn erschreckt haben mich die Bomben trotz aller Faszination, ich hätte Trost jetzt gut gebrauchen können. Meine Eltern sind jedoch weit weg bei der Zwangsarbeit und haben keinen Schimmer, ob ich noch lebe. Mir bleibt nur die Schadenfreude, dass es unsere deutschen Peiniger offensichtlich wieder mal schwer erwischt hat.

Während dieser Zeit wurden deutsche Mütter und Kinder aufs Land verschickt, um sie vor den Luftangriffen der Alliierten in Sicherheit zu bringen. Das sollte das Durchhaltevermögen der Deutschen im Krieg stärken. In den Radios lief fast nur noch Marschmusik, und die Sprecher verkündeten bei jeder Gelegenheit in unbeugsamem und entschlossenem Ton den baldigen deutschen Endsieg.

Juden durften höchstens noch eine Stunde täglich ihre Einkäufe erledigen, zwischen vier und fünf Uhr nachmittags, wenn in den Läden nichts als Reste übrig waren. Anders als heute gab es noch keine Supermärkte, sondern für alles eigene Einkaufsläden: eine Bäckerei, eine Metzgerei, ein Milchgeschäft und einen Gemüseladen. Die Geschäfte lagen teilweise ziemlich weit voneinander entfernt, und um innerhalb von einer Stunde alles Nötige zu besorgen, musste man von einem zum anderen Laden rennen und dann noch anstehen. Da sie in dieser ohnehin knapp bemessenen Zeit teilweise arbeiten mussten, scheiterten meine Eltern regelmäßig daran, selbst das Allernötigste für uns zu besorgen. Mutter, die sich in der Not als äußerst pragmatisch und stark erwies, hatte daher eine Idee: mästen. „Lasst uns so oft wie möglich uns richtig mit fettigem Essen vollstopfen, damit wir auch durchhalten, wenn wir mal nichts mehr bekommen“, schlug sie vor. Und Vater fand einen Weg, billigen Griebenschmalz in rauen Mengen zu kaufen, denn daran herrschte zum Glück noch kein Mangel. Brot gab es auch noch genug, und so aß ich meine Scheiben nun immer schön fingerdick mit dem Schweineschmalz beschmiert. Das schmeckte mir sogar ziemlich gut, und ich nahm, wie erhofft, mit der Zeit ein paar Kilos zu.

Da viele begehrte Lebensmittel im Krieg rationiert und knapp waren, hatte gerade für Luxusgüter der Schwarzmarkt zu blühen begonnen. Illegal gab es noch echten Bohnenkaffee, und ein gewisser Max Cohn geriet

Horst Cohn mit seiner Mutter Gertrud und seinem Vater Max
im Hinterhof ihres Wohnhauses im Winter 1942/43

unter Verdacht, heimlich mit den sündhaft teuren Kaffeebohnen zu handeln. Eines Tages wurde daher mein Vater, der wie etliche andere Berliner den gleichen Namen trug, in das Reichssicherheitshauptamt vorgeladen. Er berichtete uns danach, dass der dort für „Judenangelegenheiten" zuständige und berüchtigte Obersturmbannführer Adolf Eichmann ihm zuerst nicht glauben wollte, als er wahrheitsgemäß aussagte, absolut nichts mit dem Schwarzmarkt zu tun zu haben. Doch als er die falschen Vorwürfe konsequent bestritt und sich von den ständig wiederholten Fragen nicht beirren ließ, hat man ihn schließlich wieder auf freien Fuß gesetzt. Er bekam von dem Verhör trotzdem einen solchen Schreck, dass er danach drei Tage lang fast kein Wort mehr sprach. Er hatte enormes Glück gehabt, denn im Reichssicherheitshauptamt wurden von der nationalsozialistischen Schutzstaffel, abgekürzt SS, Juden häufig misshandelt und brutal gefoltert.

Die Deutschen mussten nun schwere militärische Niederlagen hinnehmen. Anfang des Jahres 1943 konnte die Rote Armee nach monatelangen schweren Kämpfen die sowjetische Stadt Stalingrad zurückerobern. Bei der Schlacht starben über 700 000 Soldaten, die meisten von ihnen Rotarmisten. Am Ende war die sechste deutsche Armee eingekesselt, und ihr General begab sich mit seinen rund 110 000 noch lebenden Soldaten in Kriegsgefangenschaft. Er entschied sich gegen den Willen des Führers zur Kapitulation, der ausdrücklich befohlen hatte, bis zum bitteren Ende weiter zu kämpfen. Stalingrad wurde so zumindest psychologisch zum Wendepunkt des Zweiten Weltkrieges an der Ostfront. Die Niederlage in dieser großen Entscheidungsschlacht ließ zum ersten Mal auch eine totale Niederlage Deutschlands möglich erscheinen. Bis dahin hatte es offiziell bei Rückschlägen immer geheißen, man müsse sich „neu organisieren". Nach Stalingrad aber konnte niemand mehr darüber hinwegsehen, dass die Wehrmacht nach ihren anfänglich beeindruckenden Erfolgen die riesigen von ihr eroberten Gebiete jetzt wieder verlor.

All das geschah wenige Monate, bevor auch wir deportiert wurden. Heute weiß man, dass die Nazis im Angesicht ihres drohenden Untergangs kein Stück von der „Endlösung der Judenfrage" abließen, um sich auf die Sicherung und Verteidigung des Deutschen Reiches zu konzentrieren. Sie trieben die Verfolgung und Vernichtung aller Juden sogar immer fanatischer und kompromissloser voran.

Etwa zu der Zeit, als Vater mit seiner Zwangsarbeit als Lastenträger beginnen musste, hatten wir selbst auch eine detaillierte Liste aller Dinge ausgehändigt bekommen, die wir mitnehmen durften, wenn die Nazis auch uns eines Tages abholen würden. Meine Eltern hatten dementsprechend schon die Koffer gepackt, um nicht unvorbereitet überrascht zu werden. Denn die Deutschen pflegten rund um die Uhr aufzutauchen, vorzugsweise mitten in der Nacht. Sie gewährten den Juden dann nur wenige Minuten, um sich fertig zu machen, und dann hieß es „Raus!", und sie wurden unter Schüben und Tritten aus ihren Wohnungen gejagt. Vor den Häusern warteten dann schon Lastwagen, um sie in großen Gruppen zu den Sammelplätzen zu bringen. Wir hatten daher entsetzliche Angst vor unserer eigenen Deportation, aber wussten eigentlich überhaupt nicht, was uns danach erwartete.

Die Mundharmonika rettete mir das Leben

Eines schönen Tages im Mai 1943 geschah das, was wir schon so lange ohnmächtig kommen sahen. Als ich bedrohlich fremde Schritte auf der Treppe im Hausflur hörte, wäre ich am liebsten davongelaufen – doch es gab kein Entrinnen.

Die stampfenden Tritte kommen immer näher, sie stammen von Schuhen mit harten Sohlen, mit denen mehrere Männer zügig in den vierten Stock hinaufsteigen. Weil wir seit der Zwangsräumung meiner Großeltern die letzten Juden im Haus sind, bin ich mir sicher: Jetzt kommen sie, um mich zu holen! Lautes Hämmern an der Tür und der bellende Befehl: „Aufmachen!" Ich öffne verschüchtert, und vor der Tür stehen zwei deutsche Hünen in glänzenden Uniformen. Als sie ohne zu zögern in die Wohnung eindringen und schnell alle Räume inspizieren, kauere ich mich auf eine Kiste im Wohnzimmer. Mir fallen ihre kniehohen glänzenden Stiefel und ihre Abzeichen auf, sie tragen kleine Totenköpfe auf der Uniform. Die beiden gehören zur SS, und als meine Knie vor Panik zu schlottern beginnen, schnauzt mich der eine an: „Los, Junge! Du hast genau fünf Minuten, um mit deinen Sachen unten zu sein – mach' dich sofort fertig!"

Ich bin ganz allein mit den beiden Herrenmenschen und noch nicht einmal zwölf. Ich breche hilflos in Tränen aus und wiederhole mehrfach, dass meine Eltern nicht zu Hause sind. Was hätte ich denn sonst machen sollen? Das interessiert die zwei kein Stück, sie befehlen mir erneut drohend, dass ich sofort meine Sachen holen müsse. Heulend und zitternd gehe ich zu meinem Koffer, den meine Mutter längst ordentlich gepackt hat, und stecke meine Zahnbürste und die Mundharmonika hinein.

„Wat is'n ditte?", blafft da der Berliner, der mit mir ins Zimmer gekommen ist. Der andere bewacht die Eingangstür, damit niemand heraus oder herein kommt. Verängstigt murmele ich: „Aber ich will doch bloß … das ist nur meine Mundharmonika …" – „Kannste wat spielen, Junge?" – „Ja, kann ich." Selbstverständlich konnte ich, was für eine blöde Frage, habe ich später oft gedacht.

Ich setze mich wieder auf die Kiste im Wohnzimmer, und mir fällt, ohne groß zu überlegen, eine ganz traurige Melodie ein. Seit der Krieg für die Deutschen schlecht läuft, hört man ständig melancholische Lieder aus den Volksempfängern. Ich spiele „Ich hatt' einen Kameraden",[1] und die Männer gucken betroffen, der eine verdrückt sogar eine kleine Träne im Augenwinkel. Er sagt zum anderen: „Der Junge da kann ja wirklich spielen!" Und zu mir: „Mach weiter!"

Da schöpfe ich die Hoffnung, dass ich die Männer vielleicht doch erweichen kann und spiele ihnen als Nächstes den Hit „Lili Marleen"[2] vor. Als sie noch mehr hören wollen, nehme ich meinen ganzen Mut zusammen: „Aber nur, wenn ich zuerst meine Eltern anrufen darf." Die beiden stocken kurz irritiert, doch dann meint der eine leicht belustigt zum anderen: „Na gut, der Kleine entwischt uns schon nicht." Sie erlauben mir, kurz zum Nachbarn im Erdgeschoss zu gehen, der dort einen kleinen Laden führt. Er hat mir einmal gesagt, dass ich in einer dringenden Notsituation bei ihm telefonieren kann. Und ich erreiche meinen Vater, der sagt: „Horst, versuch' sie hinzuhalten, bis wir zu Hause sind. Ich gehe und hole deine Mutter."

Jetzt fühle ich mich schon wieder ein bisschen sicherer und laufe zurück in unsere Wohnung. Die beiden jungen SS-Männer haben ihre Kappen abgenommen und es sich an unserem Küchentisch ein wenig bequem gemacht. Sie sehen jetzt eigentlich so aus wie richtige Menschen. Ich rufe mir alle Melodien in Erinnerung, die ich aus dem Radio oder von Mutter kenne. Ich spiele „Die Wacht am Rhein", „Erika", „Denn wir fahren gegen Engeland", „Es war ein Edelweiß" und viele andere Hits

1 Das Lied entstand 1825 nach dem Gedicht „Der gute Kamerad" von Ludwig Uhland (1787–1862); die Musik stammte von Friedrich Silcher (1789–1860).

2 „Das Lied, das 1939 von Lale Andersen gesungen wurde, entwickelte sich nicht nur in Deutschland zum Millionenseller, sondern wurde auch international ein sehr beliebtes Soldatenlied. Der Text stammte von Hans Leip (1893–1983), die Melodie von Norbert Schultze (1911–2002).

für sie.[3] Die beiden beginnen bald, aus voller Kehle mitzugrölen, und ich spiele und spiele um mein Leben.

Nach gefühlt ewigen eineinhalb Stunden kamen meine Eltern endlich nach Hause. Schon unten hörten sie meine Mundharmonika und brüllenden Gesang und dachten sich erleichtert, dass alles noch soweit in Ordnung war. Als Mutter und Vater eintraten, begrüßten die Deutschen sie mit zusammengeknallten Hacken und einer angedeuteten Verbeugung. Meine Eltern holten schnell das vorbereitete Gepäck, Mutter zog mir noch mehrere Schichten Kleidung über, und dann mussten wir unsere Wohnung schon verlassen. Die Deutschen trugen meiner Mutter dabei ungewöhnlich höflich den Koffer hinunter und halfen meinen Eltern sogar in den wartenden Lastwagen. Zuletzt hievten sie mich auf die Ladefläche, und dann fuhren wir auch gleich los, denn wir waren die Letzten, die bei dieser Verhaftungs-Tour noch gefehlt hatten.

Alles das geschah am 7. Mai 1943, und bis heute bin ich felsenfest davon überzeugt, dass meine Mundharmonika unser Leben gerettet hat. Wir sind gemeinsam deportiert und nicht in verschiedene Lager gebracht worden wie so viele andere Familien, die gleich auseinandergerissen wurden. Nach kurzer Zeit bog der Lastwagen auf den Hof einer ehemaligen jüdischen Schule ein. Das war unser Sammelplatz, und viele Juden, die vor uns abgeholt worden waren, warteten dort schon. Man brachte uns in einen großen Saal, in dem es keine Tische und Stühle mehr gab, die anderen hatten sich deswegen schon auf dem nackten Fußboden ausgebreitet. Wir taten es ihnen nach und versuchten, es uns einigermaßen bequem zu machen. Wir waren auf dem Schulgelände gefangen und konnten uns nur auf dessen Hof ein wenig die Beine vertreten. So mussten wir ausharren, und keiner unserer Bewacher verlor die ganze Zeit auch nur ein Wort darüber, wie lange das eigentlich so gehen sollte.

3 Der Text von „Die Wacht am Rhein“ stammt von Max Schneckenburger (1819–1849), die Melodie von Carl Wilhelm (1815–1873). Es galt im Deutschen Kaiserreich als inoffizielle Nationalhymne. Das Marschlied „Erika“ wurde von Herms Niel (1888–1954) getextet und komponiert, das Matrosenlied „Denn wir fahren gen Engeland“ stammt aus der Feder von Hermann Löns (1866–1914), die Melodie von Herms Niel, der auch Text und Musik des Marsches „Es war ein Edelweiß“ verfasste.

Meinen Eltern setzte die ständige Ungewissheit wie allen anderen sehr zu, und sie waren angespannt, obwohl sie schon eine Menge gewohnt waren. Ich sorgte mich kaum, weil es mich beruhigte, endlich einmal wieder die ganze Zeit mit ihnen zusammen zu sein. Wir spielten wieder und wieder „Mensch, ärgere Dich nicht" und Mühle und alle Kartenspiele, die ich von Opa gelernt hatte. Andere Leute hatten Bücher, Zeitungen oder Illustrierte dabei und lasen die ganze Zeit. Später habe ich erfahren, dass die Reichsbahn auf keinen Fall Platz vergeuden wollte und die Züge erst losfuhren, wenn wirklich alle von den Nazis für einen Transport angekündigten Juden anwesend waren. Die Reichsbahn wurde pro Passagier bezahlt, und es dauerte noch zwölf Tage, um jeden Einzelnen der genau hundert Leute aufzuspüren, die auf ihrer Liste für unseren Transport standen.

Die Deutschen nutzten währenddessen jede Gelegenheit, uns durch eine Vielzahl von sinnlosen Auflagen zu schikanieren und durch peinliche Situationen zu erniedrigen. Ich erinnere mich noch gut daran, dass die Türen für die Toiletten ausgehängt worden waren, sodass man vor aller Augen aufs Klo gehen musste, und daran, dass für uns überhaupt kein Toilettenpapier da war.

Mit unserer Versorgung war zu unserem Glück die jüdische Gemeinde beauftragt, sodass wir uns wenigstens um Verpflegung und Decken keine Gedanken machen mussten. Als endlich alle Leute eingetroffen waren, brachten uns die Nazis durch die Stadt zu einem kleineren Bahnhof, ich glaube er lag im Ortsteil Grunewald. Dort mussten wir in separate einfache Personenwagen einsteigen, die extra an einen Reisezug angehängt worden waren. Das Ziel unseres Transportes erfuhren wir jetzt endlich: ein Ort namens Theresienstadt. Die Mitreisenden in unserem Waggon waren meist ältere Leute, etliche von ihnen waren bestens angezogen und gehörten offenbar der gehobenen Gesellschaft an. Die Damen trugen schicke Kleider, gepaart mit großen modischen Hüten, und die Herren feine Anzüge.

Damit vermögende Juden ihre völlige Enteignung und „Evakuierung" möglichst reibungslos akzeptierten, hat die Gestapo ihnen „Heimeinkaufsverträge" für Theresienstadt aufgedrängt, wie man heute weiß. Im Gegenzug für ihr gesamtes Hab und Gut versprach sie ihnen lebenslange kostenfreie Unterbringung und Versorgung an einem exklusiven „Altersruhesitz“ und „Erholungsort“. Die Nazis nannten das Ziel unseres Transportes in solchen erpresserischen Verhandlungssituationen „Bad Theresienstadt“, obwohl es dort nicht einmal genug Wasser zum Waschen gab.

Vater kannte Theresienstadt von seiner Arbeit als Lastenträger für die vor uns Deportierten auch nur dem Namen nach. Aufgrund der Eindrücke, die er von der Abfertigung der Juden an den Sammelplätzen gewonnen hatte, war er sich jedoch sicher, dass Judentransporte niemals an einen Erholungsort fuhren. Meine Eltern verdeutlichten mir wiederholt die enorme Gefahr, in der wir schwebten, und schärften mir wie so oft zuvor ein, dass ich mich möglichst unauffällig verhalten und genau gehorchen sollte. Also hörte ich wie immer genau auf sie und war sehr folgsam, denn ich wollte überleben. Das war am 19. Mai 1943, und die Liste für unseren Zug führten die Nazis als den 89. Alterstransport aus Berlin.

Die Fahrt über sah ich die meiste Zeit schweigend aus dem Fenster, die Stimmung im Wagen war bedrückt. Alle beschäftigte natürlich, was sie nun erwartete, und jeder fürchtete, dass es ihm noch schlechter als in Berlin ergehen würde. Wir entfernten uns weiter und weiter von unserer Heimatstadt und kamen dabei durch dörfliche Gebiete und Wälder. Ab und an fragte ich meine Eltern nach der Gegend, aber die kannten sie bald schon nicht mehr. Nach langen Stunden sahen wir schließlich den alten Grenzübergang zur inzwischen besetzten Tschechoslowakei und erreichten etwas später unser Ziel, den Bahnhof Bauschowitz. Dort erhielten wir den unerwarteten Befehl, alle auszusteigen und die letzten Kilometer zu Fuß zurückzulegen, da zu der Zeit noch keine Gleise von Westen aus ins Ghetto verlegt worden waren.

Wir mussten uns dafür in Dreierreihen aufstellen, und auf beiden Seiten bauten sich tschechische Gendarmen und ein paar Leute von der Lager SS auf. Die Uniformierten trieben uns mit Gebrüll los und schlugen einzelne Leute, die ihnen zu langsam marschierten, mit Knüppeln. So gehetzt, lief jeder so schnell wie möglich und schleppte sein Gepäck und seine persönlichen Tragödien und Hoffnungen mit sich. Wir trugen so viel, wie wir konnten in Richtung Ghetto – alles, was man uns von zu Hause hierher mitzunehmen erlaubt hatte.

Eichmanns Vorzeige-Ghetto

Theresienstadt ist zwischen 1780 und 1790 nahe der damaligen nördlichen Grenze der österreichisch-ungarischen Monarchie als Garnisonsstadt errichtet worden. Es liegt in gut 50 Kilometer Luftlinie Entfernung nördlich von Prag und ist bis heute von einer großen achteckigen Festungsanlage mit hohen Wällen und tiefen Gräben umgeben. Für die kaiserliche Infanterie, Kavallerie und Artillerie hat man innerhalb des großen Festungsgeländes jeweils eigene Gebäude errichtet, und in einem guten Dutzend langgestreckter, mehrstöckiger Kasernen wohnten die Soldaten. Für die Zivilisten, die hier arbeiteten, sind nach und nach zwischen den Militäranlagen kleinere Gebäude ergänzt worden.

Diese „Große Festung" grenzt direkt an die Eger, einen Seitenarm der Elbe. Auf der anderen Seite des Flusses hat man ein wenig entfernt eine zugehörige kleinere Anlage gebaut, die entsprechend „Kleine Festung" heißt. Sie diente neben ihrer Funktion, das Gelände zwischen den beiden Festungen militärisch abzusichern, zugleich als Militärstrafanstalt. Im Juni 1940 übernahm die Prager Stelle der Gestapo die Kleine Festung und sperrte in ihren Gefängnisbaracken vor allem politische Häftlinge ein.

Im November 1941 begannen die Nazis dann, die „Große Festung" als eine Mischung aus Ghetto und Konzentrationslager zu verwenden. Die Planung dafür lag in den Händen der Prager „Zentralstelle für jüdische Auswanderung", die Adolf Eichmann nach dem Vorbild seiner gleich lautenden Institution in Wien gegründet hatte. Die Deutschen wollten in Theresienstadt alle Juden aus dem annektierten Tschechien, dem sogenannten Reichsprotektorat Böhmen und Mähren, sammeln und sie von dort weiterdeportieren. In dem Örtchen, das schon lange keine militärische Bedeutung mehr hatte und in dem bis dahin rund 7000 Einheimische gelebt hatten, pferchten sie bis zur Befreiung durch die Rote Armee am Ende des Krieges zeitweise fast 60 000 Juden zusammen und verdrängten dafür nach und nach die bisherige Bevölkerung.

Eichmann, der zu einem der entscheidenden Organisatoren der Judenverfolgung aufstieg, plante von Anfang an ein, das Ghetto sowohl für die Vorbereitung von Deportationen als auch zu ihrer Verschleierung einzusetzen. Das relativ schmucke Theresienstadt sollte der Weltöffentlichkeit eine humanitäre Fassade präsentieren, hinter der das sich langsam perfektionierende nationalsozialistische Mordprogramm umso reibungsloser und ungestörter funktionieren konnte. Die Nazis gaben daher vor, in Theresienstadt besonders für prominente Juden eine dauerhafte „Neuansiedlung in einer jüdischen Stadt von jüdischer Färbung, Erziehung und Kultur" unter einer vermeintlichen jüdischen Selbstverwaltung zu schaffen. Theresienstadt galt offiziell als jüdisches „Musterghetto". Bei internationalen humanitären Inspektionen sollte es als Beispiel herhalten, um zu zeigen, wie gut es gerade prominente Juden bei den Nazis angeblich hätten.

Nach der geheimen Konferenz am Wannsee wurde es für die Nazis umso wichtiger, das Ghetto zur Täuschung der Öffentlichkeit bereitzuhalten. Denn dort verschworen sich am 20. Januar 1942 15 hochrangige Delegierte aus entscheidenden nationalsozialistischen Behörden, den dort vorgelegten Plan der SS zur „Endlösung der Judenfrage" gemeinsam umzusetzen. Das klare Ziel der Nazis war spätestens damit die vollständige Ausrottung der „jüdischen Rasse" geworden. Sie wollten weltweit über zehn Millionen Menschen ermorden, die sie für Juden hielten. Jeden von uns, den sie jemals in ihre Gewalt bekommen konnten. Das Vorzeige-Ghetto Theresienstadt war ein kleiner, aber wichtiger Teil ihres großen Vernichtungsprogramms, für das die Deutschen auf vielen Ebenen diabolisch innovative Konzepte entwickelten. Diese finsteren Details wurden von Leuten wie Eichmann – die ein perverses Vergnügen daran hatten, ihre Mordmaschinerie zu optimieren – geplant und in der Realität erprobt.

Die Nahrungsmittellieferungen für das Ghetto waren gerade so berechnet, dass sie auf Dauer nicht zum Überleben reichten und alle Häftlinge langsam aber sicher verhungern mussten, wenn sie länger dort blieben. Von den insgesamt etwa 160 000 jüdischen Häftlingen im Ghetto Theresienstadt starben in den drei Jahren bis zur Befreiung durch die Rote Armee fast ein Viertel zumeist an Hunger und an Krankheiten, die sonst kaum bedrohlich und gut heilbar gewesen wären. Die Mangelernährung machte jeden gesundheitlich anfällig. Fast 90 000 meist entkräftete Menschen deportierte die Lager-SS aus dem Ghetto in Viehwaggons weiter Richtung Osten und ermordete dort die allermeisten. Die Nazis fuhren den größten Teil der Häftlinge aus Theresienstadt zur Vergasung in das Vernichtungslager Auschwitz-Birkenau, das von den großen Vernichtungslagern im Osten am nächsten lag. 12 171 Kinder sind zeitweilig von ihnen ins Ghetto geschickt worden. Um ihr Wohlergehen und ihre Zukunft bemühte sich die jüdische Selbstverwaltung bei aller Not ganz besonders, sie hatten trotzdem keine besseren Chancen als die Erwachsenen. Nur wenige Hundert überstanden den Holocaust. Ich war eines von ihnen und hatte unfassbares Glück.

Die Führer des tschechischen Judentums, die von den wesentlichen Funktionen Theresienstadts anfänglich nichts ahnten, haben den Aufbau des Ghettos unterstützt und ihre Gemeinden sogar selbst zur „Neuansiedlung“ motiviert. Sie hofften, dort bis zur ersehnten Niederlage der Deutschen vor weiteren Deportationen und Pogromen sicher zu sein. Die Nazis gaben sich in der Gründungsphase alle Mühe, die jüdische Gemeindeleitung in Prag von der Aufrichtigkeit ihres Lügengebäudes zu überzeugen. Sie legten ihr einen Plan für eine weitgehend autonome, ökonomische Selbstversorgung vor und machten ihr weis, dass sich das Ghetto dabei durch einen gewählten Ältestenrat angeblich selbst verwalten sollte. Der erste sogenannte Judenälteste, Jakob Edelstein, und die dreizehn anderen Mitglieder des Ältestenrates organisierten, im Glauben an dieses Konzept, einen möglichst normalen städtischen Alltag. Sie hofften, in Theresienstadt eine jüdische Siedlung im Geiste des Zionismus aufbauen zu dürfen. Es gab eine rudimentäre medizinische Versorgung, und wenigstens einmal alle drei Wochen konnten wir duschen und bekamen unsere spärliche Kleidung gewaschen. Wir Kinder bekamen zusätzliche Essensrationen. Und trotz aller Schwierigkeiten fanden immer wieder Sport-, Theater- und Musikveranstaltungen statt.

Diebstahl und ähnliche kleinere Vergehen wurden von unserer Verwaltung selbst geahndet. Es gab zur Bestrafung von Kleinkriminalität ein eigenes kleines jüdisches Gefängnis in dem großen deutschen Gefängnis. Anfangs sind sogar noch eigene jüdische Wachen durch das Ghetto patrouilliert. Zur äußeren Bewachung des Ghettos setzte die Lager-SS einheimische tschechische Gendarmen ein, die SS behielt jedoch zu jeder Zeit die oberste Befehlsgewalt und griff ein, wann, wo und wie sie nur wollte. Theresienstadt unterstand wie alle Konzentrations- und Vernichtungslager ihrem absoluten und erbarmungslosen Kommando. SS-Angehörige liefen einzeln durch die Straßen des Ghettos, so sicher konnten sich die Herrenmenschen unter ihren ohnmächtigen Gefangenen fühlen. Man musste sie immer im militärischen Stil grüßen, sonst drohten heftige Prügel. Und manchmal quälten sie Häftlinge im Keller unter ihrer Kommandantur. Wollten sie jemanden so brutal wie möglich bestrafen oder beseitigen, dann ließen sie ihn kurzerhand in die „Kleine Festung" abführen. Im Lager selbst fanden keine Hinrichtungen statt, um den Schein zu wahren, aber eine Verlegung in die „Kleine Festung" kam einem Todesurteil gleich, nur selten kam ein Jude wieder von dort zurück. Die Gestapo folterte und exekutierte dort fast jeden Häftling, den die SS ihr übergab.

Spätestens Anfang 1942, als die ersten Züge mit Häftlingen aus Theresienstadt in Richtung Osten losrollten, war jedem im Ghetto klar, dass die Idee einer eigenständigen jüdischen Siedlung von Anfang an eine komplette Lüge gewesen war. Alle saßen hier in der Falle, und die SS befahl nach Belieben plötzliche Transporte „in den Osten" und legte genau fest, wie viele Leute dafür antreten und aus welchen Gruppen die Häftlinge stammen mussten. Die Führung der Listen und die Benachrichtigung der betroffenen Häftlinge musste unsere Verwaltung übernehmen, die SS machte sie bewusst zu Komplizen. Die SS kontrollierte diese Listen jedoch penibel und setzte, falls nötig, äußerste Gewalt ein. Jeder einzelne aufgelistete Häftling musste sich in einen der Viehwaggons quetschen, die sie dann fest verriegelt losschickte. Zugleich brachten die Nazis zuerst aus Tschechien und bald auch häufiger aus Deutschland und den inzwischen besetzten Ländern immer neue Juden nach Theresienstadt. Unsere Verwaltung musste sich um deren Unterbringung und Versorgung im Rahmen der minimalen Möglichkeiten kümmern, die die SS ihr dazu ließ.

„Königlicher Empfang" im Ghetto

Als wir Theresienstadt nach unserem anstrengenden Marsch erreichten, erwartete man uns schon vor langen Tischreihen auf dem großen Hof einer Kaserne in der Mitte des Ghettos. Um die Tische herum hatten sich ein paar SS-Leute, tschechische Gendarmen und Vertreter der jüdischen Verwaltung versammelt. Ein Offizier gab den Befehl aus, dass wir uns vollkommen nackt ausziehen mussten. Die SS wollte uns verhöhnen und erniedrigen und sofort zeigen, dass sie hier die absolute Macht über jeden von uns hatte. Ich war völlig verunsichert, weil ich noch nie zuvor einen Nackten außer mir selbst gesehen hatte. Auch meine Eltern hatten sich, seit ich denken konnte, nie ganz vor mir ausgezogen.

„Wer Wertsachen versteckt, sollte sie besser jetzt gleich abgeben! Jeder, in dessen Sachen wir später noch etwas finden, wird schwer bestraft!", drohte ein deutscher Offizier. Unverzüglich händigte Vater den schönen langen Mantel meiner Mutter aus, und ein anderer Deutscher griff zur bereitliegenden Schere, zerschnitt das Kleidungsstück geübt in ein paar Teile und schüttelte sie, um versteckte Wertgegenstände oder Geld zu finden. Das funktionierte wohl häufig, aber weil jetzt gar nichts geschah, schleuderte der verärgerte Nazi den Stoff zu meinem Vater zurück. Dieser „verfluchte Jude" wolle ihn wohl zum Narren halten und sinnlos beschäftigen, schimpfte er laut vor sich hin. Rasch raffte Vater den ruinierten Mantel zusammen und gab dann gut auf ihn acht. Er hatte wie viele andere tatsächlich Geld in der Kleidung versteckt. Als Schneidermeister hatte er es nur besonders geschickt und fest in den Mantelstoff eingenäht. Viel genützt hat uns das Geld dann aber nicht, denn jeder Handel war hier verboten, und auch schwarz gab es fast nie etwas Nützliches zu kaufen.

Im Anschluss durchwühlten zuerst die Deutschen und dann die für die Listenführung zuständigen tschechischen Gendarmen zusammen mit jüdischen Wachen alle unsere Sachen und rissen an sich, was ihnen gefiel. Wir mussten dabei weiter nackt und schweigend stillstehen und durften uns erst danach wieder ankleiden. Nun wurden wir nach Geschlecht und Alter in Gruppen aufgeteilt, nur kleinere Kinder durften bei ihren Müttern bleiben. Meine Eltern und ich wurden voneinander getrennt.

Mit einer Gruppe von Jungs brachte man mich in den Innenhof einer Kaserne, und erst jetzt kam das Einzige, worauf wir den Tag über immer sehnlicher gewartet hatten: etwas zu essen. Man teilte als Geschirr für jeden eine große Blechtasse aus, auf die wir fortan sorgfältigst achten sollten. Dann bekamen wir ein ekelhaftes Gebräu hineingeschüttet und dazu irgendetwas hart Gebackenes in die Hand gedrückt – beides völlig ungenießbar. Und das war für diesen Tag auch schon alles an Nahrung. Es war das erste von vielen Malen hier, dass ich sehr hungrig zu Bett ging.

Als Neuankömmling musste ich in einem völlig überbelegten großen Saal der Kaserne schlafen. Als ich dort am späten Abend ankam, wies mir der Stubenälteste eine Pritsche zu und schickte mich gleich schlafen. Die großen hölzernen Stockwerkbetten hatten drei Etagen mit jeweils drei Betten pro Ebene. Jede Bettfläche war nur knapp sechzig Zentimeter breit, und der Abstand zwischen den Ebenen war so gering, dass ich mich unmöglich aufsetzen konnte. Das wäre nur auf der daher beliebten obersten Etage gegangen, die Platz bis zur hohen Decke bot. Unsere Matratzen bestanden aus unbequemen, mit Heu gefüllten Jutesäcken, und die Wolldecken waren dünn und kratzig. Neben den Koffern, die sich in jedem Winkel unseres Zimmers übereinander türmten, war die eigene Pritsche der einzige Ort, an dem man seine persönlichen Sachen notdürftig verstauen konnte. Und so lagen wir in schrecklicher Enge beieinander wie Heringe in der Büchse.

Wie sollte ich da bitte schlafen? Blitzschnell verbreitete sich unter allen Flöhen und Läusen die Nachricht, dass frisches Blut angekommen war, und die Plagegeister überfielen mich aus allen Richtungen. Sie stachen und bissen, alles juckte, und der überfüllte Saal stank fürchterlich – das war mein Willkommen hier. Nach einer Weile schlief ich dann schließlich trotzdem ein, weil ich so erschöpft war.

An meinem ersten Morgen im Ghetto weckte mich der Stubenälteste schon im Morgengrauen und befahl mir, sofort mit der Arbeit zu beginnen. Ich musste mit anderen Jungs die Leichen von Menschen wegschaffen, die im Laufe der letzten Nacht verstorben waren. Dazu packten wir die Toten, platzsparend Kopf an Fuß aufgereiht, auf einen zweirädrigen Holzkarren, den man an der Deichsel ausbalancieren musste. Die meisten von ihnen waren nackt, offenbar war schon jemand dagewesen, um ihnen die Kleidung auszuziehen, an der es hier bitter mangelte. Den voll beladenen Karren mussten wir an ein Lagertor ziehen und die Toten dort abladen. Ihren Weitertransport aus dem Ghetto übernahmen dann andere Häftlinge. Wir schoben den leeren Karren zurück und beluden ihn von Neuem, bis wir alle Leichen zum Rand des Ghettos gebracht hatten.

So sah meine erste Arbeit in Theresienstadt aus, und ich erinnere mich an keine Gefühle und keine Tränen. Ich erinnere mich nicht, weil ich mich nicht erinnern will. Ich will leben und das hier überleben. Man muss durchhalten, man muss die Angst überwinden und stark sein. Ich bin knapp zwölf Jahre alt und schon ein Held. Warum, in Gottes Namen, warum?

Im Ghetto starben ständig Häftlinge, zeitweilig waren es über hundert täglich. Die meisten von ihnen verhungerten oder erlagen entkräftet einer eigentlich heilbaren Krankheit. Jeder Tote wurde wegen Seuchengefahr umgehend von den anderen aus den überbelegten Zimmern geschafft. Oft quartierte man wegen des Platzmangels so schnell einen Neuen im frei gewordenen Bett ein, dass nicht einmal die Strohsäcke gewechselt wurden. Über das Frischfleisch freute sich das Ungeziefer im alten Stroh dann besonders, da es aus dem Sterbenden zuvor nicht mehr viel Blut herausbekommen hatte. Falls der Verstorbene in einer der luftigeren Pritschen der oberen Etage gelegen hatte, wechselte oft schnell noch jemand hoch, bevor ein Neuankömmling den besseren Platz bekam.

Nach dem Leichentransport befahl man uns, mit dem Karren noch Brot an Wohnkasernen auszufahren. Ja, in demselben Karren, in dem gerade die Toten gelegen hatten. Ich belud ihn also an der Ausgabe mit den Broten, die schon abgezählt bereitlagen. Für jeden gab es alle drei Tage einen Viertel Laib, mehr nicht, und die Toten waren auch schon abgerechnet. Manche aßen alles sofort und hatten dann zwei Tage kein Brot. Manche versuchten ganz vernünftig, sich das Brot für die kommenden drei Tage einzuteilen, und bewahrten den Rest in ihrem Bett auf. Aber da wurde es dann oft geklaut, weil viele in ihrer Not kaum noch Rücksicht auf andere nahmen.

Den Transport von Leichen musste ich zum Glück nur am ersten Tag übernehmen. Heute nenne ich das „meinen königlichen Empfang“. Danach bekamen wir Kinder nur ab und an Arbeitsaufträge von der Verwaltung, denn einen festen Dienst teilte sie nur denjenigen zu, die über 13 Jahre alt waren. Die tägliche Bestattungsarbeit erledigten andere, und manche erwachsenen Häftlinge meldeten sich dafür sogar freiwillig, weil es für diese harte Arbeit etwas mehr Essen gab.

Nicht nur Leichen, sondern alles mussten wir Häftlinge innerhalb des Ghettos mit Muskelkraft transportieren. Die Deutschen gaben uns keine Hilfen, um diese Arbeit zu erleichtern, weil wir sie zur Flucht hätten gebrauchen können. So hatten wir keine Zugtiere, die wir ohnehin sicherlich aufgegessen hätten, und erst recht keine motorisierten Fahrzeuge. Da selbst einfache Handkarren knapp waren, mussten wir über jedes rollende Transportmittel froh sein und setzten auch die von der vertriebenen Bevölkerung zurückgelassenen Hochzeits- und Begräbniskutschen ständig im Alltag ein.

Die Trottoirs waren also wegen der Überbelegung Theresienstadts oft mit Häftlingen gedrängt voll, und alle Arten von Karren und Kutschen schlichen im Schneckentempo die Fahrbahnen entlang, weil entkräftete Leute niemals schnell schieben können. Das Straßenbild von Theresienstadt wirkte, als sei es einem irren Albtraum entsprungen.

Disziplin, Dreck und Hunger

Im Ghetto herrschte von etwa acht Uhr abends bis sechs Uhr morgens Sperrstunde. In dieser Zeit durfte sich niemand mehr auf der Straße blicken lassen, Zuwiderhandlungen konnten mit dem Tod bestraft werden. Ab 22 Uhr galt in den Schlafräumen Nachtruhe, über die der Stubenälteste wachte. Jeden Morgen kam er wieder ins Zimmer, um uns zu wecken und unsere Anwesenheit zu kontrollieren. Fehlte jemand, musste er das melden. Sobald die SS von einem Abwesenden erfuhr, drohten der entsprechenden Kaserne zermürbend lange Zählappelle. Wenn die tschechischen Gendarmen Fluchtversuche vereitelten oder eine Flucht selten genug einmal gelang, dann ließ die SS das ganze Ghetto zur Strafe stundenlang antreten und immer wieder durchzählen, bis Häftlinge vor Erschöpfung zusammenbrachen.

Wir hatten natürlich keine ordentlichen Klos, sondern widerlich verdreckte Latrinen auf dem Kasernenhof, die aus einer teilweise überdachten langen Reihe von Löchern mit einem Brett als Rückenstütze bestanden. Fünfzig Menschen fanden hier nebeneinander Platz, aber die Latrinen durften bloß zu bestimmten Zeiten geöffnet sein. Mit sehr viel Glück war man dann einmal allein, meistens aber teilte man sein privatestes Bedürfnis mit vielen anderen, und das war mir peinlich. Und wieder gab es kein Klopapier, sodass man sich anders behelfen musste. Ich sammelte vorher zum Abwischen Blätter oder so etwas, aber manche benutzten in der Not auch einfach die Hände und schmierten ihren Kot dann an den Wänden ab. Auf dem Korridor der Wohnkaserne gab es ein Rohrsystem mit Kaltwasserhähnen, an denen wir uns morgens waschen durften. Dort floss das Wasser aber keineswegs den ganzen Tag, sondern nur zu bestimmten Zeiten, die viel zu kurz waren und natürlich nur gelegentlich mit den Öffnungszeiten der Latrinen übereinstimmten.

Nach dem Aufstehen gab es kein Frühstück, sondern nur eine heiße braune Brühe zu trinken. Sie hieß Kaffee, und die Farbe erinnerte sogar entfernt an dessen Aussehen. Die Brühe schmeckte immer grässlich, aber sie war besser, als gar nichts im Bauch zu haben, und wir tranken daher so viel davon, wie wir bekommen konnten. Die Getränke- und Essensausgaben fanden im Hof der Kasernen zu festen Zeiten und immer nur ziemlich kurz statt. Jeder bekam eine Lebensmittelkarte, und wenn man sie verlor oder sie einem gestohlen wurde, dann gab es einfach gar nichts. Wenn man nicht pünktlich kommen konnte, weil man zum Beispiel einen Auftrag erledigen musste, dann aß man ebenfalls nichts, und das kam bei mir leider häufiger vor. Beim Mittagessen musste man lange in der Schlange anstehen, meistens für dünne Suppe, die niemals richtig satt machte. Wir nannten sie Jauche, weil sie meistens nur trüb war und keinen richtig erkennbaren Inhalt hatte. Erst die Letzten in der Reihe durften sich manchmal über etwas Nahrhafteres freuen, weil sich dann die spärlichen festen Stücke in der Brühe am Boden der großen Suppenfässer sammelten.

Bei diesen Essensausgaben erlaubte sich die SS ab und zu auch mal einen Spaß. Einer wartete, bis so ein Suppenfass ziemlich leer war, und stieß es dann mit einem eleganten Fußtritt um. Sein Inhalt ergoss sich auf die Erde vor der Essensschlange, und sofort stürzten sich alle, die gerade vorne standen, auf den Boden, um noch ein Stückchen Kartoffel oder Ähnliches zu erhaschen. Die Deutschen verhöhnten die Hungernden genüsslich dafür, dass sie wie die Schweine vom Boden aßen. Manchmal verewigte einer den tragikomischen Moment auch noch mit der Kamera und schickte das Foto mit seiner privaten Post nach Deutschland – als Beweis dafür, dass sich selbst die Angehörigen der jüdischen Elite wie echte „Saujuden" benähmen. So haben sie uns immer wieder gern beschimpft.

Vor allem den Neuankömmlingen verursachte das schlechte Essen Bauchschmerzen und Durchfall. Wenn die Toiletten dann mal wieder geschlossen waren, blieb einem nichts anderes übrig, als sich in die Hosen zu scheißen. Und dann lief man eben so herum und ging ekelhaft stinkend ins Bett – sehr zum Verdruss der Zimmergenossen.

Meine gebrochenen Eltern

Am zweiten Tag nach unserer Ankunft musste ich nicht arbeiten und konnte endlich herausfinden, wohin meine Eltern gebracht worden waren. Ich erkundete das ganze Ghetto in der Hoffnung, ihnen irgendwo zu begegnen. Zum Glück lief mir mein Vater dabei schon ziemlich bald über den Weg. Doch obwohl er zufällig direkt vor mir vorbeilief, hätte ich ihn im ersten Moment fast nicht erkannt. Er sah wie verwelkt aus, als sei aus ihm das Leben fast schon ganz entwichen. Als er mich sah und sogleich glücklich in seine starken Arme schloss, spürte ich seine altvertraute Wärme wieder. Jetzt hatte ich inmitten dieses unheilvollen Chaos meinen liebevollen Papa wieder! Er musste allerdings weiterarbeiten und hatte nicht viel Zeit. Als wir uns kurz darüber ausgetauscht hatten, wo wir untergebracht waren und wo wir uns wieder treffen konnten, bat er mich: „Zuerst musst du nun weitersuchen, bis du Mama gefunden hast." An diesem Tag bin ich zwölf Jahre alt geworden, aber daran haben weder er noch ich damals gedacht.

Im Gegensatz zu den Erwachsenen durften sich Kinder innerhalb des Ghettos relativ frei bewegen und so lief ich die nächsten Tage in jeder freien Minute aufgeregt herum und suchte meine Mutti wie einen verlorenen Schatz. Als ich sie nach einigen Tagen endlich unter den Tausenden von Leuten im Ghetto fand, war meine Erleichterung unbeschreiblich. Ich rannte zu ihr hin und bekam wieder zuerst einen Schreck, sobald ich direkt vor ihr stand. Sie hatte sich wie Vater stark verändert. Sie machte sich sonst immer hübsch, pflegte sich und wirkte besonders elegant. Hier bekam sie dazu offensichtlich keinerlei Gelegenheit, ihre Kleidung war schlampig, und ihre Haare zerzaust. Als wir uns fest umarmten, war ich aber sicher, meine schöne geliebte Mama wiederzuhaben, und erzählte ihr, dass ich Papa schon gefunden habe. Sie beschrieb mir danach schnell, wo sie untergebracht war und wann sie einmal freihaben würde, sodass wir uns wiedertreffen konnten.

Wir sahen uns dann bald alle drei auf dem kleinen Südberg innerhalb des Ghettos, den wir in Theresienstadt die Bastei nannten. An dieser Stelle durften Häftlinge ein Stück weit auf einer Art verbreitertem Festungswall herumlaufen. Dort gingen alle, die dazu noch imstande waren, gerne zum Spazieren hin, weil es hier ein wenig grün war und man die beste Aussicht über die Festung, die Stadt und die umliegende Gegend hatte. Wir sprachen nur über Dinge, die für uns im Ghetto praktisch und nützlich waren, und gar nicht darüber, was jeder von uns in den letzten Tagen schon an Schrecklichem erlebt und von anderen Häftlingen mitbekommen hatte. Ich erzählte auch nichts von den Leichen, weil sie an diesem Ort offensichtlich dazugehörten.

Mein Vater war im Ghetto von Anfang an als Schneider tätig und arbeitete zunächst für jeden, der seine Dienste brauchte. Bald erkannte man die Qualität seiner Arbeit und teilte ihn für die SS ein, die gut sitzende Bekleidung und Uniformen immer besonders schätzte. Der besonders eitle letzte Lagerkommandant Karl Rahm nahm ihn später als persönlichen Schneider. Er bekam deshalb ein wenig mehr zu Essen und war etwas sicherer davor, auf einer der Deportationslisten zu landen.

Meine Mutter wurde nach einer Weile dauerhaft in der Produktion von Isolierscheiben eingesetzt, die zum Beispiel für die Flugzeugmotoren der deutschen Luftwaffe gebraucht wurden. Die einfache Fabrik für das wichtige Isoliermaterial bestand aus langen Holzbaracken in der Nähe des Ghettos, in denen unter strenger Bewachung Tausende Frauen in drei Schichten arbeiten mussten. Ihre Aufgabe war es, große Glimmerkristalle, die in dicken Platten angeliefert wurden, mit einem feinen, scharfen Messer zu schälen und in nur wenige Millimeter dünne Schichten zu spalten. Da Glimmer ausgesprochen zerbrechlich ist, war das anspruchsvolle Präzisionsarbeit. In der Fabrik bestand ein Leistungssoll, und wer es nicht erfüllte, dem drohte eine Deportation beim nächsten Transport eher als denen, die mithalten konnten.

Diejenigen, die das Soll hingegen überschritten, konnten zu Vorarbeiterinnen aufsteigen und auf einem erhöhten Podest sitzen. Meine fleißige Mutter schaffte das bald und konnte diese Arbeit auch bis zum Schluss behalten. Sie erhielt ein bisschen mehr Brot und war dadurch vor den Deportationen ebenfalls etwas sicherer.

Mein Stubenältester erlaubte mir regelmäßig kurze Besuche bei meinen Eltern, sodass ich in ihren Kasernen vorbeischauen konnte. Seit mein Vater in der Schneiderei für die SS arbeitete, konnte ich ihn dort auf gar keinen Fall sehen. Nur mit einem Passierschein kam man in den für die SS-Kommandantur abgesperrten Bereich des Ghettos. Und da meine Mutter ihre Schichten außerhalb des Lagers in den Westbaracken hatte, konnte ich sie ebenfalls nicht bei der Arbeit besuchen. Beide arbeiteten oft sehr lange, aber mir gelang es irgendwie immer wieder, einige Minuten der Gnade mit meinem geliebten Vater oder meiner geliebten Mutter zu verbringen. Sie waren mir so treu, so vernünftig und so stark. Und da meine Eltern getrennt wohnen mussten und wenig freie Zeit hatten, erkundigte ich mich bei jedem dieser kurzen Treffen, wann genau sie Pausen oder Dienstschluss hatten. Ich gab die Information an den anderen weiter, sodass sie sich dann wenigstens kurz sehen konnten und wir hin und wieder sogar alle drei Gelegenheit für ein kurzes Familientreffen fanden.

Dass beide meiner Eltern mit mir im selben Lager waren, war für mich das Wichtigste und mein größtes Glück. Wir waren in höchster Gefahr einander erhalten geblieben und bemühten uns auch an diesem gottverlassenen Ort, unsere Hoffnung und unseren Verstand nicht ganz zu verlieren. Wir munterten uns gegenseitig auf, so gut wir konnten. Meine Mutter behielt auch hier ihren unerschütterlichen Optimismus bei und stärkte meinem Vater und mir den Rücken. Mein Vater erzählte bei Gelegenheit weiter Witze, ein besonders guter fällt mir gerade ein: Eine Berlinerin hat es geschafft, sechs streng rationierte Eier zu Hause zu horten, und will wenigstens einmal im Krieg einen ordentlichen Kuchen backen. Als ihr der kostbare Teig dann im Ofen zusammenfällt, rennt sie laut heulend aus der Wohnung: „Er ist gefallen, er ist gefallen!" – „Du wirst schon wieder einen Neuen finden!", trösten sie die Nachbarn – „Aber doch keinen mit sechs Eiern!"

Die Stärke und der Humor meiner Eltern halfen uns zu überleben, denn es gab hier nicht wenige Tage, an denen man vor Verzweiflung dem Ganzen einfach ein Ende setzen wollte. Viele Häftlinge brachten sich selbst um, indem sie von den Wällen der Bastei oder aus einem hohen Fenster sprangen.

Unauffällig im Ghetto

Wir Kinder waren meistens ziemlich verdreckt und stanken, weil wir wie alle selten Gelegenheit bekamen, uns ordentlich zu waschen. Vom Ungeziefer hatten wir am ganzen Körper kleine Stiche und Bisse, die sich wegen der schlechten Hygiene ständig eitrig entzündeten. Ich war jeden Morgen heilfroh, wenn ich aus meinem muffigen verlausten Schlafsaal herauskam. Zum Glück war es jetzt richtig Sommer und schön warm. Ich nahm wie alle Jungen meine Blechtasse überallhin mit, falls man zufällig etwas abstauben konnte. Ich band sie mit einer Kordel an meiner Hose fest, um sie niemals zu verlieren. Meistens streunten wir dann zusammen auf der Suche nach etwas Essbarem herum. Denn der ständige Hunger hier war das Schlimmste.

Die tschechischen Kinder und Jugendlichen hatten von Anfang an Bezugspersonen, die Schulunterricht und regelmäßige Aktivitäten organisierten und abends sogar kulturelle Veranstaltungen mit ihnen besuchten. Die Betreuer waren ihren Kindern oft treu ergeben und standen ihnen bei, wenn sie praktische Probleme hatten oder depressiv wurden. Wir hingegen, die jüdischen Jungs aus Deutschland, repräsentierten im Ghetto erst einmal den verhassten Feind: die Deutschen. Wir nannten die Nazis selbst meistens nur „die Deutschen", und hier beschimpfte man uns nun genauso. Für uns gab es nur einen grob geregelten Tagesablauf und keinen regelmäßigen Unterricht. Ab und zu bekamen wir mal Aufträge, und manchmal schauten auch Erwachsene vorbei, um etwas Unterricht zu improvisieren oder sich einfach mit uns zu unterhalten.

Ich hatte am Anfang viel freie Zeit und suchte die Bekanntschaft mit tschechischen Kindern, obwohl das schwierig war, weil sie mich als Deutschen gleich wieder vertrieben. Nach mehreren Versuchen gaben sie sich dann ein wenig mit mir ab, und ich lernte durch Zuhören ihre Sprache. Dadurch begannen sie mich langsam zu akzeptieren, und so kam ich im Ghetto bald wesentlich besser zurecht. In nur wenigen Monaten lernte ich so gut Tschechisch, dass ich mich mit einigen richtig anfreunden konnte. Und wenn mich mal ein Neuer fragte, woher ich denn eigentlich stamme, nannte ich ihm ganz selbstverständlich auf Tschechisch ein Prager Stadtviertel.

Nach einer Weile wurde ich aus dem Saal für Neuankömmlinge ins Zimmer 9 des Gebäudes L414 verlegt, das war das Knabenheim. Dort lebte ich mit 40 anderen Jungen, von denen die meisten aus Deutschland und ein paar aus den Niederlanden kamen. Wir hatten jetzt eine bessere Betreuung und klare Regeln für das Zusammenleben, an die ich mich immer gehalten habe. Die wichtigste und strengste Regel war: Keiner durfte den anderen beklauen. Denn das geschah im Ghetto leider ständig, da jedes Stück Nahrung oder Kleidung schnell den Unterschied zwischen Leben und Tod bedeuten konnte. Wir dagegen erlaubten uns immer nur, etwas für uns gemeinsam abzuzweigen. Das nannten wir „schleusen", und wir teilten das Wenige miteinander, das wir so ergattern konnten.

Ein guter Platz für Essbares war zum Beispiel hinter den Küchen, wo der Abfall landete. Die vielen Kartoffeln mussten schnell und grob mit Messern geschält werden, daher lagen dort oft noch ganz brauchbare Stücke, aus denen wir so etwas wie Puffer brieten oder Suppe kochten. Und wenn wir Stücke von altem vertrockneten Brot fanden, das man nicht mehr kauen konnte, dann haben wir sie auf den kleinen runden Deckel des Ofens in unserem Zimmer gelegt, wenn er beheizt war. Dadurch wurde es innen wieder ein wenig weicher und schmeckte fast wie getoastet, wenn man es nicht verbrennen ließ. Als wir spitzbekamen, wann genau in den Nachtstunden Versorgungszüge auf dem Theresienstädter Güterbahnhof einfuhren, setzten wir uns über jedes Verbot hinweg und riskierten alles. Vor der SS und den Gendarmen mussten wir uns höllisch in Acht nehmen, doch der Hunger war stärker. Wir umwickelten unsere Hosenbeine unten mit Gummibändern, um sie in kleine Säcke zu verwandeln, schlichen so im Schutz der Dunkelheit zu den Güterwaggons und sammelten heruntergefallene Kartoffeln und bei Gelegenheit auch Kohlen. Wir kochten dann solche Gerichte wie eine Suppe aus Brenneseln, die im Ghetto wild wuchsen, und peppten sie mit unserer Beute als Einlage auf.

Trotz der harten Bedingungen waren wir häufig recht gut gelaunt. Das Leben im Jugendheim schützte uns bis zu einem gewissen Grad, und wir hielten zusammen. Ich erinnere mich zum Beispiel gerne daran, wenn einer von uns Geburtstag hatte. Weil wir 41 Kinder waren, hatte fast ständig jemand Geburtstag. Und dann haben wir zusammen gegessen und gesungen. Zur Abwechslung durfte die Bäckerei in Theresienstadt einmal die Woche Buchteln backen, böhmische Hefeteig-Kugeln, die gerne mit Marmelade gefüllt werden. Die paar Buchteln, die unserer Gruppe zugeteilt wurden, haben wir für die Geburtstage aufgehoben. Unser Betreuer teilte dann eine in vier Teile, schmolz auf unserem Ofen etwas Zucker zu Karamel und bestrich sie damit. Die zerteilte Buchtel wurde dann so aufgeteilt, dass alle ein kleines Stück bekamen. Das war hier ein Festessen.

Generell musste ich immer noch keinen der oft harten Dienste im Ghetto übernehmen und gewöhnte mich so langsam an den Alltag hier. Und als es dann wieder kälter wurde, spielte und beschäftigte ich mich gerne auch mal allein. Dort, wo es weniger eng war, gegenüber vom Eingang, an den Tischen, wo wir auch unsere Mahlzeiten einnahmen. Wenn es richtig bitter kalt war, saß ich wiederum gerne mit allen anderen um unseren viel zu kleinen Kanonenofen herum.

Wir deutschen Jungs hatten noch immer keinen Schulunterricht wie die tschechischen Kinder. Deren Betreuer kamen über Kontakte zu tschechischen Gendarmen sogar an ein wenig geschmuggeltes Schreibmaterial wie Papier und Stifte, das die SS genauso wie jeden Schulunterricht eigentlich verboten hatte. Das fehlte uns alles weiterhin vollständig, aber wir hatten inzwischen häufig zwei Betreuer, die sich regelmäßig um uns kümmerten. Sie waren ehemalige deutsche oder sudetendeutsche Pädagogen. Mit ihnen spielten wir die üblichen Kinderspiele und musizierten zusammen. Wer so wie ich ein Instrument beherrschte, konnte die anderen begleiten. Und so sangen und spielten wir zusammen schöne deutsche Volkslieder wie „Hoch auf dem gelben Wagen“ und „Schwarzbraun ist die Haselnuss“.

Unter uns Kindern gab es natürlich öfter auch mal Streit und Raufereien, aber nicht mit mir. Die ständige Lektion meiner Eltern, bei Ärger besser den Kopf zu senken, hatte ich verinnerlicht. Ich wüsste nicht, dass ich jemals einen anderen absichtlich provoziert hätte. Ich fürchtete mich vor Kraftmeierei und hielt bei Spannungen lieber Abstand. Wenn die anderen Fußball und solche Sachen spielten, interessierte mich das auch nicht sonderlich, da es mir dabei schnell zu heiß herging. Ich konzentrierte mich vor allem darauf, am Leben zu bleiben, und lernte dafür, Gefühle der Angst zu verdrängen und meine Gedanken vom allgegenwärtigen Hunger und vom Tod abzulenken. Dabei bin ich aber zum Glück nie völlig abgestumpft.

Und einmal war ich dann doch nicht vorsichtig genug. Wenn man einen SS-Mann auf der Straße traf, musste man ihm immer den Weg frei machen und ihn grüßen. Das bedeutete, die Mütze vom Kopf zu nehmen und strammzustehen, ähnlich wie ein Soldat. Daher verließ ich wie üblich den Trottoir und stand still, als ich wieder einmal einem Offizier begegnete. Eine Mütze besaß ich eigentlich nicht, doch gerade an diesem Tag hatten wir Kinder uns aus Stoffresten Käppchen gebastelt, und meine hatte ich auf dem Kopf völlig vergessen. Der Offizier prügelte sofort mit seinem Knüppel auf mich ein und stieß mich in den Rinnstein. Ich war sicher, dass er mich jetzt totschlagen würde. Aber er schrie mich nur an: „Du Saujude, wie kannst du es wagen, einen deutschen Offizier nicht zu grüßen?" und ging seines Weges.

Paul, der Trompeter

Als die Dänen Anfang Herbst 1943 von der drohenden Gefangennahme ihrer knapp 8000 jüdischen Mitbürger Wind bekamen, organisierten sie deren heimliche Flucht übers Meer ins freie Schweden. Obwohl es natürlich auch in Dänemark einige Antisemiten gab, gelang mit breiter Unterstützung der Bevölkerung die Rettung der meisten jüdischen Dänen vor den Nazis. Und ihre Nachbarn schützten sogar einen großen Teil ihres Hab und Guts, bis sie nach der Niederlage Deutschlands wieder nach Hause zurückkehren konnten. Fast 500 Leute wurden jedoch von den Nazis geschnappt, bevor sie es nach Schweden schaffen konnten, und im Oktober 1943 kamen die meisten dieser Häftlinge nach Theresienstadt. Ihre Landsleute kümmerten sich dort um sie und schickten ihnen häufig Pakete. Die dänische Regierung und ihr König drängten die Deutschen wiederholt, über die Lage der Juden Bericht zu erstatten. Weil die Nazis es sich mit dem dänischen Königreich nicht verderben wollten, wurden die dänischen Häftlinge in Theresienstadt daher etwas besser behandelt.

In mein Zimmer kam ein gleichaltriger dänischer Junge mit Namen Paul, der in Hamburg geboren war und gut Deutsch sprach. Das war ein Glück, denn er bekam bis zu zwanzig Kilo schwere Pakete geschickt. Für die tschechischen Häftlinge war das Höchstgewicht fünf Kilo und für uns Deutsche sogar nur eins. Für meine Familie kam aber sowieso fast nichts, da wir in Berlin zuletzt eigentlich nur noch jüdische Freunde hatten, von denen die meisten schon vor uns abgeholt worden waren. Die zwei Male, als Päckchen für uns kamen, mussten wir feststellen, dass ihr Inhalt einfach komplett gestohlen worden war. Das kam regelmäßig vor, weil sich tschechische Gendarmen und Häftlinge auf dem Postamt selbst bedienten. Auch davor waren die Dänen etwas sicherer, da diese Dreistigkeit bei ihren Sachen eher bestraft wurde. Die SS konfiszierte auch bei ihnen routinemäßig Luxusgüter wie Kaffee und Zigaretten, aber vom Essen blieb vieles übrig. Paul teilte aus seinen Paketen häufig mit mir und anderen, denn man konnte nur schwer im selben Zimmer leben, ohne zu teilen. Jeder brauchte und suchte die Unterstützung der anderen, wir hielten zusammen.

Paul konnte Trompete spielen, und er beherrschte sein Instrument so gut, dass er bald bei den Musikgruppen im Lager gefragt war. Viele gute Musiker waren im Ghetto gelandet und fanden sich hier in häufig neuen Besetzungen zusammen. Es gab ganze Bands und Orchester, und die SS tolerierte und förderte Musik genauso wie andere harmlose kulturelle Beschäftigungen und den Sport. Ihre Lüge vom bequemen Musterghetto und jüdischen Altersruhesitz wirkte so überzeugender. Die SS ließ sich auch gerne einmal von einer jüdischen Band unterhalten und stellte für gelegentliche Fußballturniere im Ghetto eine eigene Mannschaft auf.

Der größte Renner für uns Kinder war die Oper „Brundibár“, die zwei jüdische Künstler noch 1938 gemeinsam verfasst hatten. Sie wollten in Reaktion auf die harte deutsche Besatzung den Kindern in Tschechien die optimistische Hoffnung vermitteln, dass das Gute das Böse letztlich doch immer besiegt. Adolf Hoffmeister[4] schrieb das Libretto, also das Textbuch zur Oper, und konnte 1939 gerade noch aus Tschechien fliehen.

4 Adolf Hoffmeister (1902–1973) war ein vielseitiger Künstler und tschechischer Linksintellektueller. Er kehrte nach der Befreiung der Tschechoslowakei vom Nationalsozialismus nach Prag zurück und war in den 1960er-Jahren u. a. Vorsitzender der Kunstkommission zur Begutachtung der tschechoslowakischen Briefmarken.

Der in Prag gebürtige Komponist Hans Krása[5] komponierte die Musik, die Nazis verschleppten ihn im August 1942 nach Theresienstadt.

In der Kinderoper verkörpern eine Katze, ein Vogel und ein Hund das Gute. Sie helfen zwei Geschwistern, für deren todkranke Mutter die Milch zu beschaffen, die allein ihr das Leben retten kann. Der Drehorgelmann Brundibár repräsentiert das Böse, weil er den Kindern das Geld für die Milch nicht gönnt und sie als Konkurrenz verjagen will. Katze, Vogel und Hund mobilisieren dagegen eine Gruppe spielender Kinder, die schließlich gemeinsam den fiesen Brundibár vertreiben. In ihm sahen alle immer Hitler verkörpert – das ergab sich allerdings nur aus unserer Lage, das Stück selbst enthielt keinerlei Anspielung auf die Nazis.

Als Krása nach Theresienstadt kam, hatte er nur einen Klavierauszug der Oper bei sich und komponierte im Ghetto die Orchesterfassung noch einmal neu. Da Krasá noch vor der ersten und bis dahin einzigen Aufführung in einem jüdischen Waisenhaus in Prag deportiert worden war, ließ er sie hier zuerst heimlich in kleinem Rahmen zeigen, um ihre Wirkung zu studieren. Die Oper kam so gut an, dass sich unser Ältestenrat bald mit der Bitte an die Lager-SS wandte, das neue Stück offiziell zur Aufführung bringen zu dürfen. Ein paar SS-Leute schauten sich eine Probe-Aufführung an und erteilten dann die Genehmigung für das harmlose Kinderstück.

So konnte sich im Lager eine regelmäßige und an den Umständen gemessen sehr professionelle wöchentliche Aufführung der Kinderoper etablieren. Sie beschäftigte ein großes Orchester und brachte viele Kinder auf die Bühne. Etliche Gesangs- und Schauspielrollen übernahmen anfänglich jene Kinder aus dem Prager Waisenhaus, die das Stück in Abwesenheit von Krasá uraufgeführt hatten und inzwischen selbst im Ghetto gelandet waren. Andere Kinder konnten sich neu für eine Rolle bewerben und zur Probe vorsingen. Weil so viele Kinder mitwirken wollten, konnte man viele Rollen gleich mehrfach besetzen. So hatte man immer ziemlich sicher Schauspieler parat, denn auch die Darsteller

5 Hans Krása (1899-1944) studierte Komposition an der Deutschen Akademie für Musik und darstellende Kunst in Prag. Er war ein gefeierter Opernkomponist, bevor er 1942 nach Theresienstadt deportiert wurde. 1944 wurde er nach Auschwitz verschleppt, wo er am 16. Oktober sofort nach seiner Ankunft ermordet wurde.

konnten wie alle Häftlinge jederzeit für einen der plötzlichen „Transporte gen Osten" eingeteilt werden.

Diese Vorstellungen bedeuteten für uns einen süßen kleinen Triumph über den Wahnsinn. Die richtige Oper war wie der Vorschein eines richtigen Lebens, und während die Musik spielte und die Kinderstimmen erklangen, übertönten sie das Knurren der Mägen. Die Kinder, die auf der Bühne standen, mussten in ihren Kostümen nicht einmal den Judenstern tragen, wie es sonst absolute Vorschrift war. Bei den Bühnenkostümen war das der SS ausnahmsweise egal.

Die Hauptdarsteller und Solisten wurden in Theresienstadt zu Stars, die bald jedes Kind und so mancher Erwachsene kannte. Für die offiziellen Aufführungen, die ab September 1943 stattfanden, bekam jedes Kind eine Eintrittskarte, wegen der begrenzten Plätze durfte aber jeder nur einmal zuschauen. Wenn Kinder neu ins Ghetto kamen, erhielten sie möglichst bald ihre Karte, damit sie eine Aufführung sehen konnten, bevor sie vielleicht bald wieder weiter mussten. Insgesamt gab es über 50 Vorstellungen, und die Oper war in aller Munde. Ich habe eine reguläre Vorstellung als Zuschauer gesehen und bin ein- oder zweimal gebeten worden, mit meiner Mundharmonika eine Orchesterstimme zu übernehmen, weil jemand kurzfristig auf Transport musste, für den niemand so schnell einspringen konnte. Ich übernahm dann mit meiner Mundharmonika die Stimme eines großen Instruments und war eigentlich zu leise, um neben den Orchesterinstrumenten wirklich gut gehört zu werden.

Paul spielte bald die führende Trompetenstimme im Orchester. Er saß gut sichtbar neben dem Klavier und beeindruckte das Publikum, wenn er sein Solo mit nach oben gerichtetem Instrument gekonnt herausschmetterte. Er gehörte zu den Stars der Aufführung, und besonders die Mädchen fanden ihn richtig gut.

Mit den dänischen Juden war auch ihr Oberrabbiner Max Friediger[6] ins Ghetto gebracht worden. Das traf sich bestens, da ich langsam auf

6 Max Friediger (1884–1947) war seit 1920 Oberrabiner in Dänemark. Er kam Anfang Oktober 1943 nach Theresienstadt und gehörte dort ab Januar 1944 zum Judenrat. Friediger wurde kurz vor Kriegsende mit den „Weißen Bussen" in die Schweiz gerettet und kehrte nach Dänemark zurück.

die 13 zuging und meine Bar Mitzwa ins Haus stand. Meine Familie war immer noch nicht fromm, aber für alle Juden hat diese Feier eine enorme Bedeutung, weil sie ähnlich wie die christliche Konfirmation eine gewisse Mündigkeit symbolisiert. Weil wir ständig fürchten mussten, doch noch getrennt zu werden, hofften meine Eltern inständig, dieses Fest mit mir feiern zu dürfen.

Paul machte mich mit Herrn Friediger bekannt, und der Rabbi zeigte mir genau, welche Textstellen ich alle auswendig lernen musste und was ich während der Zeremonie vorzutragen hatte. Das war wie üblich eine ganz schöne Menge, und das Lernen fiel mir hier nicht so leicht wie in der Grundschule. Da wir sonst kaum Unterricht bekamen, war es trotzdem gut, dass ich wieder etwas zu studieren hatte.

Schonzeit im Krankenhaus

Meine Anstrengungen wurden jäh unterbrochen, als mein Unterleib stark zu schmerzen begann. Ich klagte dem Stubenältesten mein Leid, der mich zu Mutti schickte, und wir gingen sofort ins Ghetto-Krankenhaus. Dort wurde ich von Dr. Schafa aufgenommen, dessen Freundlichkeit und Herzensgüte ich mein Leben lang nicht vergessen werde. Er diagnostizierte eine Blinddarmentzündung, und meine Mutter fragte ihn besorgt: „Was wird aus dem Jungen?“ Er erklärte ihr, dass ich überhaupt keine Chance hätte, in dem notdürftig ausgestatteten Krankenhaus eine Operation zu überstehen. Er meinte aber auch, dass ich eine gewisse Chance hätte, die Entzündung ohne Eingriff langsam auszukurieren.

Daher beschlossen meine Mutter und er, mir strenge Bettruhe zu verordnen. Im Ghetto-Krankenhaus gab es zwar nicht genügend Medizin, aber es gab immerhin mehr Ruhe, Pflege und etwas besseres Essen als sonst. Und so klang meine Blinddarmentzündung zum Glück wirklich langsam wieder von alleine ab, wie Dr. Schafa zufrieden feststellte. Leider habe ich mich aber währenddessen im Krankenhaus mit Gelbsucht infiziert und musste deswegen noch länger bleiben. Der Aufenthalt im Krankenhaus zog sich über mehrere müde und langweilige Monate. Zum Glück durften mich ab und zu meine Eltern besuchen kommen.

Mit den lästigen und gefährlichen Krankheiten habe ich dann letztlich Glück gehabt, da ich im Krankenhaus von einigen Grausamkeiten verschont blieb. Am 11. November 1943 fand beispielsweise ein besonders brutaler Zählappell statt. Noch vor Sonnenaufgang mussten sich alle Häftlinge, außer die Kranken, für einen Marsch bereit machen, auch meine Eltern. Die zu der Zeit etwa 30 000 gehfähigen Insassen Theresienstadts verließen bewacht von Gendarmen und SS das Ghetto in Richtung Bauschowitz. In einer Senke, dem sogenannten Bauschowitzer Kessel, fand dann die große Zählung statt. Alle mussten sich in Gruppen auf dem Gelände um Ordnungsschilder zusammenfinden und durften die ganze Zeit ihren Platz nicht verlassen, auch nicht, um ihre Notdurft zu verrichten. Das Gelände war von Gendarmen umstellt, die ihre Gewehre auf die Häftlinge richteten. Viele von ihnen bekamen Todesangst, weil sie glaubten, dass sie nun alle erschossen werden würden. Es war ein kalter Herbsttag, und nach der Zählung ließ die SS die Häftlinge ohne etwas zu trinken oder zu essen einfach bis in die Nacht draußen stehen. Erst als sie schon fast nicht mehr konnten, durften die erschöpften Häftlinge wieder den Weg zurück ins Ghetto antreten. In der Dunkelheit brach dabei teilweise Chaos aus, und viele geschwächte Leute stürzten und verletzten sich, manche blieben hilflos liegen und erfroren.

Als ich schließlich wieder einigermaßen gesund entlassen wurde und in mein altes Zimmer im Knabenheim zurückkehrte, war von meinen 40 Zimmergenossen kein Einziger mehr da. In den vergangenen Monaten waren mehrere Transporte unter anderem in ein sogenanntes Familienlager „in den Osten“ gefahren. In beiden Kinder- und Jugendhäusern sah ich viele neue Gesichter, aber alle, die ich gut kannte, waren weg. Andere Leute bekamen aus einem Örtchen mit dem schönen Namen Birkenau seitdem hin und wieder Post von Angehörigen oder Freunden. Von meinem Freund Paul fehlte aber jede Spur.

Von den Neuen im Knabenheim war einer Sänger bei einem Wiener Knabenchor gewesen und hieß, glaube ich, Kurt. Gemeinsam gründeten wir eine Art Startup-Unternehmen. Er sang mit seiner glockenhellen Stimme, und ich begleitete ihn auf meiner Mundharmonika. Wir traten nun wie etliche andere Musiker in Theresienstadt auf den Kasernenhöfen auf und hofften, dafür etwas Essbares zu bekommen. Wir liefen von einem Hof zum anderen und spielten unser Repertoire. Und wenn den Leuten die Musik gefiel, dann warfen sie uns kein Geld zu, denn das war hier ja sowieso nichts wert, sondern Brotkrümel. So ein einzelnes Stückchen machte nicht mal eine kleine Maus satt, aber wir waren ziemlich gut und bekamen eine richtige Menge von ihnen zusammen. Und da ich von meinen Krankheiten noch angeschlagen war, half mir diese zusätzliche Nahrung sehr, wieder besser zu Kräften zu kommen. Meine geliebte Mundharmonika hat mich also wieder einmal gerettet. Nach einer Weile brach bei mir die Gelbsucht aber nochmals aus, und ich musste wieder ins Krankenhaus. Während ich mich dort erholte, schickte die SS weitere Transporte mit Jungs aus meinem Heim Richtung Osten. Diesmal war auch Kurt dabei.

Ich weiß bis heute nichts darüber, was aus ihm geworden ist. Er ist wahrscheinlich, wie fast alle, vergast worden. Das „Familienlager", das eigens für Häftlinge aus Theresienstadt eingerichtet worden war, hat sich als eine weitere hinterhältige Propagandalüge der SS herausgestellt. Es war nur ein separates Areal im Vernichtungslager Auschwitz-Birkenau, und die Juden wurden dort für ein paar Monate angeblich wegen hygienisch notwendiger Quarantäne von den anderen getrennt inhaftiert. In dieser Zeit hielt die Lager-SS sie immer wieder dazu an, Postkarten und Briefe nach Theresienstadt zu schreiben, damit niemand hier Verdacht schöpfte. Erst dann wurden sie ermordet.

Daher waren meine ständigen schweren Krankheiten letztlich ein immenses Glück gewesen. Wenn ich im Ghetto gesund geblieben wäre, hätte ich wohl kaum überlebt.

Keine Hoffnung für meine Großeltern

Als ich eines Tages wieder einmal gemeinsam mit meinen Eltern auf der Bastei spazieren gehen konnte, trafen wir dort einen alten Bekannten aus Berlin. Er berichtete uns, dass er Großvater hier gesehen habe. Völlig perplex fragte ich sofort: „Welchen Großvater denn?" Er meinte Gustav, den Vater meiner Mutter. Da stellte sich heraus, dass Oma Jette und Opa Gustav schon Ende 1942 aus ihrer letzten Wohnung in der

Lottumstraße abgeholt worden waren. Meine Eltern wussten das, aber weil ich die beiden dort sowieso nicht mehr besuchen konnte, hatten sie mir nichts davon gesagt. Meine Eltern hatten beschlossen, mir diesen Schrecken erst einmal zu ersparen. Dass Opa nun hier war, war für sie jedoch ebenfalls neu, und wir wollten ihn natürlich sehen. Und da ich als Erster Zeit dafür hatte, machte ich mich so schnell wie möglich auf, ihn zu besuchen.

Mein einst so starker und riesiger Opa lebte nun im sogenannten Siechenheim, und das war entschieden eine Art von Endstation. Man betreute dort die schwachen Alten so gut wie möglich, aber kürzte ihnen die ohnehin nicht ausreichenden Nahrungsmittelrationen, um dafür den Kindern ein wenig mehr geben zu können. Als ich Opa traf, war er wie zusammengeschrumpft, dürr und ausgemergelt. Er hatte nicht einmal mehr die Kraft, um sich über meinen Besuch wenigstens ein bisschen zu freuen, und murmelte nur mühevoll: „Bring' mir was zu essen." Ich hatte aber einfach nichts - nichts, um meinem wunderbaren Opa zu helfen.

Er erzählte mir, dass Oma mit ihm zusammen nach Theresienstadt gebracht worden war, und bat mich, sie ebenfalls aufzusuchen. Ich lief also zum Siechenheim der Frauen, wo ich Oma Jette tatsächlich fand. Sie war in einer ähnlich miserablen Verfassung wie Opa, ihr Magen drückte, er war vom Hunger aufgebläht, und sie sah ganz schrecklich aus. Wir sprachen nur kurz, denn auch Oma hatte kaum noch Kraft.

Ich erzählte meinen Eltern von den beiden. Mutter durfte Oma Jette sehen, und Vater bekam die Erlaubnis, Opa Gustav zu besuchen. Auch sie konnten sich bei ihren Besuchen nicht mehr aneinander erfreuen, meine Großeltern waren einfach schon viel zu schwach. Als ich bald darauf wieder einmal bei ihnen vorbeischauen wollte, lagen sie nicht mehr auf ihren Pritschen. Ich verstand sofort. Sie waren beide am gleichen Tag im Mai 1944 jeder für sich verhungert, meine geliebten Großeltern, einer nach dem anderen. Als ich meinen Eltern davon berichtete, weinte Mutter und erklärte mir dann, dass sie erleichtert sei. Ihre Eltern waren nun Gott sei Dank von der Last des Lebens im Lager befreit und in Frieden vereint.

Botenjunge

Unter den vielen Neuankömmlingen, die ich nach meiner letzten Entlassung aus dem Krankenhaus antraf, war auch Jutta. Sie war im Mädchenheim L410 untergebracht, das gegenüber von unserem Gebäude lag. Wir waren in Berlin auf die gleiche jüdische Grundschule in der Choriner Straße gegangen und beste Freunde, ja sogar eine Zeit lang ineinander verliebt gewesen. Wir freuten uns beide über das Wiedersehen und erzählten uns, wie es uns hier bislang ergangen war. Dabei erfuhr ich, dass ihr Vater Dr. Krohn, ehemals Schuldirektor in Berlin, hier im Ghetto ein Mitglied des Ältestenrates geworden war.

Da ich inzwischen 13 Jahre alt geworden war, musste ich nun in Theresienstadt einen festen Dienst übernehmen, und Jutta meinte, dass ihr Vater mir bestimmt eine gute Arbeit beschaffen könne. Und so wurde ich zu einem Botenjungen zwischen den Küchen. Ich hatte die Aufgabe, den vielen Küchen in Theresienstadt jeden Tag persönlich die genaue Zahl der Essensrationen zu überbringen, die von der jeweiligen Küche an diesem Tag ausgegeben werden sollte. Ich lief dafür alle nacheinander ab, die auf die schriftlichen Anweisungen warteten. Das war eine sehr gute Arbeit, weil sie mir nebenbei Zugang zu Nahrungsmitteln verschaffte. Ich bekam vom Küchenpersonal zur Belohnung oft ein bisschen was zugesteckt – da eine Kartoffel, hier ein Stückchen Brot, dort noch einen Schöpflöffel Suppe und ab und zu sogar eine Buchtel.

So konnte ich auch meine Eltern unterstützen: Sie kamen durch zusätzliches Essen, das ich ihnen mitbrachte, wieder etwas zu Kräften, nachdem sie trotz ihrer schon etwas besseren Versorgung oft gehungert hatten. Sogar meine Essensmarke für den jeweiligen Tag konnte ich ihnen ab und zu geben, wenn ich bereits genug für mich selbst hatte abstauben können.

Jetzt fand ich auch Zeit für ein Hobby, das mich in Theresienstadt in Beschlag nahm, wie so viele Kinder auf der ganzen Welt. Mich packte die Sammelleidenschaft. Da niemand ohne ausdrücklichen Befehl Briefe schicken durfte und wenig Post eintraf, gab es fast keine Briefmarken im Ghetto, und Münzen konfiszierte die SS wie alle Wertgegenstände schon bei der Ankunft. Doch Rasierklingen, die Häftlinge hierher mitbrachten, durften sie anstandslos behalten. Und so gab es Rasierklingen aller möglichen Marken, und etliche Kinder sammelten die elegant bedruckten feinen Papierchen, in die sie einzeln verpackt waren. Ihre Benutzer überließen uns gerne diesen kleinen Abfall, der für uns ein großer Schatz war. Auf dem schönsten Papier von allen stand inmitten feiner Schnörkel „Goldener Yacht-Club". Das war unsere Blaue Mauritius, die wertvollste Briefmarke der Welt. Ich habe das Papier leider selbst nie in die Hände bekommen können. Ich hatte trotzdem bald eine große Sammlung, die ich anderen oft zeigte. Wir spekulierten darüber, welchen Wert sie wohl hätte, und tauschten dann doppelte Papierchen gegen fehlende, um unsere Sammlungen zu komplettieren.

Die große Vorstellung

Trotz aller offiziellen Versicherungen der Nazis, dass es den Juden in Theresienstadt wohlergehen würde, übte besonders die dänische Regierung wiederholt diplomatischen Druck aus, damit eine humanitäre Delegation das Ghetto inspizieren durfte und sich von der Situation der Häftlinge vor Ort einen eigenen Eindruck machen konnte. Nach einigem Hinhalten begannen die Deutschen schließlich, eine Visite des Internationalen Roten Kreuzes einzuplanen. Sie wollten nicht allein die Dänen, sondern die ganze Weltöffentlichkeit beruhigen, die sich aufgrund von allmählich lauter werdenden Gerüchten über Vernichtungslager im Osten für das Schicksal der Juden genauer zu interessieren begann.

Im Lager wussten wir nichts von der systematischen Ermordung, wurden aber Zeugen und Bestandteil der Inszenierung, die die SS ihretwegen vorbereitete: Die Handwerker unter den Häftlingen mussten dem Ghetto ein gründliches Facelifting verpassen. Sie bekamen den Auftrag, die Fassaden der heruntergekommenen Häuser zu reinigen und zu streichen. Zum Austausch zerbrochener Scheiben hatte die SS sogar etwas von dem im Krieg so knappen Fensterglas organisiert. Der lange Zeit völlig vernachlässigte kleine Park in der Mitte Theresienstadts wurde frisch gejätet und begrünt. Es gab plötzlich Sitzbänke, und für die Kinder wurde ein eigener schmucker Pavillon errichtet, wie in einem richtigen Kurort.

In ein paar Schlafsälen, die man wie unseren vorzeigen wollte, wurde die dritte Etage der Betten abmontiert und die zweite etwas erhöht, um mehr Bequemlichkeit vorzutäuschen. Im restlichen Lager blieb alles beim Alten.

Die SS gab sich wirklich alle Mühe, Theresienstadt als angenehmen Altersruhesitz und Kurort zu verkaufen. Er sollte nicht von Häftlingen überfüllt sein, die geschwächt und krank waren. Sie schickten noch vor dem Eintreffen der Delegation im Mai kurz nacheinander mehrere Züge mit insgesamt 7500 Häftlingen in den Osten, zu denen auch die zahlreichen Tuberkulose-Kranken gehörten.

Am 23. Juni 1944 war der Tag der großen Vorstellung gekommen, und die Inspekteure trafen im Ghetto ein. Der Schweizer Maurice Rossel[7] war der Hauptverantwortliche des Internationalen Komitees vom Roten Kreuz und kam in Begleitung zweier dänischer Delegierter. Die ganze Delegation hielt sich für insgesamt sechs Stunden im Ghetto auf, und die SS präsentierte ihr ein minutiös geplantes Programm. Die Besichtigungstour hielt sich an eine Route, an der entlang alles so gut wie möglich renoviert und einiges neu montiert worden war. Ganze Läden und Cafés wurden für diese wenigen Stunden zum Schein wiedereröffnet, und man hatte Häftlinge extra darauf vorbereitet, so zu tun, als ob sie einkaufen und zwischendurch entspannt Kaffee trinken würden. Auf den Straßen waren nur gut angezogene und nicht ausgehungerte Juden als Statisten einer normalen Welt zu sehen. Keiner durfte von sich aus mit den Inspekteuren sprechen, und alle hatten genau erklärt bekommen, was sie bei eventuellen spontanen Nachfragen zu antworten hätten.

Auch für Abwechslung wurde gesorgt. Die Delegation lief an einem Fußballspiel mit den besten Spielern vorbei, die unter den Häftlingen von Theresienstadt zu finden waren. Sie konnte kurz in eine Extra-Vorstellung von „Brundibár“ hineinschauen. Überall traf sie wie zufällig auf

7 Maurice Rossel (1916/17 – nach 1997) war ein Schweizer Arzt und besuchte als offizieller Vertreter des Roten Kreuzes nach Theresienstadt auch Auschwitz. Er sprach später mit Claude Lanzmann über seine Besuche in den Lagern und seine Fehleinschätzung. Lanzmann zeigt das Interview mit seinem Einverständnis im Dokumentarfilm „Ein Lebender geht vorüber“.

eine Szenerie, die Theresienstadt in einem normalen, ja direkt vorteilhaften Licht erscheinen ließ. Das Ghetto erschien genau so, wie die SS es der Öffentlichkeit präsentieren wollte.

Bald nachdem die Inspekteure dem Ghetto wieder den Rücken gekehrt hatten, wurden sämtliche neuen Einrichtungen, die wie der Kinderpavillon dem tatsächlichen Lageralltag nur im Weg gestanden hätten, wieder entfernt. Die Vorstellung war zu Ende, und die Show war ein voller Erfolg gewesen. Die Inspekteure und dabei ganz besonders ihr Leiter Rossel hatten sich vollständig täuschen lassen. In seinem offiziellen Bericht kam Rossel zu dem Schluss, dass wir ein gewöhnliches und den Umständen entsprechend sogar ziemlich gutes Leben im Ghetto lebten. Diese Einschätzung trug mit dazu bei, auf eine genauere Inspektion weiterer Lager im Osten zu verzichten, ganz genau so, wie die Nazis gehofft hatten.

Die Täuschung des Internationalen Roten Kreuzes durch die Inszenierung in Theresienstadt war später ein umstrittenes Thema: Manche warfen uns Häftlingen vor, bei dem großen Täuschungsmanöver der Nazis mitgespielt zu haben. Der ernste Vorwurf der Kollaboration stand im Raum, und das nicht nur in diesem Zusammenhang. Der Dokumentarfilm-Regisseur Claude Lanzmann interviewte später sowohl Rossel als auch unseren damaligen Judenältesten Benjamin Murmelstein, der gezwungenermaßen, aber bewusst mit der SS kooperiert hatte. Rossel gab teilweise schon während des Interviews und zum Teil erst danach selbstkritisch zu, dass er gegenüber der SS ziemlich naiv gewesen sei und irritierende Details ignoriert habe. Murmelstein rechtfertigte in seinem 1961 veröffentlichten Bericht über Eichmanns Vorzeige-Ghetto sein eigenes Handeln damit, dass er das eiskalte Vorgehen der SS einschätzen konnte. Zwar wusste er zu der Zeit noch nichts von der systematischen Vernichtung, aber schon, dass auch massenhaftes Morden für die SS infrage kam. Er ging davon aus, dass die SS 1944 bereit gewesen wäre, das Ghetto umgehend aufzulösen, hätte es nicht mehr für ihre Zwecke als offizielle Fassade getaugt. Er sah die einzige Chance, einen großen Teil der noch im Ghetto verbliebenen Juden zu retten, darin, sich der SS nicht direkt zu widersetzen und bis zur ersehnten Befreiung auf Zeit zu spielen. Und das ist ihm schließlich auch gelungen.

„Der Führer schenkt den Juden eine Stadt"

Nach der aus ihrer Sicht äußerst erfolgreichen Scharade beschlossen die Nazis, unser „Musterghetto" auch noch für einen Propagandafilm auszuschlachten. Sie erzählten daher dem Ältestenrat, dass sie einen Dokumentarfilm über die soliden Verhältnisse im Lager drehen wollten. Um keinen Verdacht aufkommen zu lassen, wählte die SS dafür den jüdischen Regisseur und Ghetto-Häftling Kurt Gerron[8] aus, der vor ihrer Herrschaft in Deutschland ein erfolgreicher Schauspieler und Filmemacher gewesen war. Die Dreharbeiten zu „Theresienstadt" begannen im August 1944 und dauerten ungefähr einen Monat.

Gerron durfte dabei natürlich nur Befehle ausführen – die eigentliche Regie führte die SS, die alles in ihrem Sinne arrangierte. Alle Mitwirkenden wurden mit Sorgfalt ausgewählt, sie mussten wohlgenährt und gepflegt aussehen und bekamen extra frische Kleidung. Die zum Mitwirken verdonnerten Lagerinsassen nannten den Film, der eigentlich einfach „Theresienstadt" hieß, sarkastisch „Der Führer schenkt den Juden eine Stadt". Das setzte sich bald im ganzen Lager durch, und das Nazi-Projekt wurde später auch unter diesem Namen bekannt. Viele bekannte Juden mussten in ihm auftreten, weil die Nazis sie vorführen wollten. Trotz Geheimhaltung waren Informationen über die Vernichtung der Juden an die Öffentlichkeit gelangt, und die Nazis wollten sie durch den Auftritt von Juden entkräften, die im Film augenscheinlich noch am Leben waren. Von alledem wussten wir Kinder nichts, und wir kamen während der Dreharbeiten neugierig vorbei.

Alle Kinder, die beim Film mitmachen sollten, hielt man dazu an, freundlich zu kooperieren und einen positiven Eindruck zu erwecken. Und wir waren gern bereit, mitzumachen und uns zu verstellen, für uns war das Ganze ja wie ein großes Spiel. Auf Befehl der SS durften wir ihre Männer während der Dreharbeiten nicht mehr zackig grüßen, wie es sonst

8 Nach der Machtübernahme durch die Nationalsozialisten 1933 floh Kurt Gerron (1897–1944) mit seiner Familie nach Amsterdam. Obwohl er die Möglichkeit hatte, wollte er von dort nicht in die USA weiterreisen und spielte so lange in Amsterdam, bis er mit dem gesamten jüdischen Ensemble deportiert wurde.

absolute Pflicht war. Der Lagerkommandant Karl Rahm[9] ließ sich von uns mit „Onkel Rahm" ansprechen. Denen, die in Großaufnahme erscheinen sollten, erklärte man haarklein, was sie zu sagen und zu tun hatten. So gab es zum Beispiel einen Jungen, der Brot und Sardinen bekam und einer Betreuerin vor laufender Kamera erklärte: „Ich mag keine Sardinen mehr, die habe ich doch schon die ganze Woche über gegessen." Ein Kind hat man demonstrativ beim Kauen gefilmt, aber von der gezeigten Scheibe Butterbrot durfte es immer nur einen einzigen Bissen nehmen. Der Rest musste aufgehoben werden, für den Fall, dass die Szene wiederholt wurde. Ich selbst bin bei der Aufführung einer „Brundibár"-Szene als Statist eingesetzt worden und dort kurz im Publikum zu sehen.

Die Dreharbeiten waren total aufregend und eine erfrischende Abwechslung für alle Kinder, ob direkt beteiligt oder nicht. Wir waren von diesem Riesenspektakel hellauf begeistert.

Theresienstadt leert sich

Als die Nazis genügend Filmmaterial zusammen und ihre Lügen auf Zelluloid gebannt hatten, hatte das Ghetto für sie einen entscheidenden Zweck erfüllt. Sie begannen daher damit, das Lager langsam, aber sicher zu liquidieren, wie sie das nannten. Sie wussten, dass im Osten die Rote Armee inzwischen unaufhaltsam vorrückte; die Lager-SS dort begann schon mit Planungen für den Rückzug und befürchtete, auch die Gaskammern in Auschwitz-Birkenau bald schließen zu müssen. Bis Ende Oktober 1944 deportierte die SS noch 18 000 Ghetto-Häftlinge zur Vernichtung. Darunter waren auch fast alle, die an dem Film mitgewirkt hatten, wie der Regisseur Kurt Gerron und der Komponist von „Brundibár" Hans Krása. Alle, die etwas Genaueres über die Lügen der Nazis hätten erzählen können, mussten möglichst schnell sterben.

9 Der Österreicher Karl Rahm (1907–1947) war ein frühes NSDAP-Mitglied und stieg bis zum SS-Obersturmführer auf. Er war der letzte Kommandant von Theresienstadt, wurde nach der Befreiung von einem tschechischen Gericht zum Tode verurteilt und bald darauf hingerichtet.

Wegen der vielen Transporte fehlten im Ghetto plötzlich an allen Ecken und Enden Arbeitskräfte, auf einmal lebten nur noch etwa 11 000 Häftlinge in Theresienstadt. Der Ältestenrat hatte allergrößte Mühe, den Alltag zu organisieren, und musste zeitweilig Arbeitszeiten von bis zu 70 Wochenstunden anordnen. Um die Stimmung unter den übrigen Häftlingen etwas zu verbessern, die das Ghetto mit aller Kraft irgendwie am Laufen halten mussten, lockerte die SS manche Regeln und hob die strikte Geschlechtertrennung auf. Und zugleich war für uns Übriggebliebene etwas mehr Platz und Wohnraum in den bis dahin immer völlig überbelegten Gebäuden entstanden. So kamen meine Eltern zu einer kleinen Ecke in einem Dachgeschoss, das sie sich mit mehreren anderen Paaren teilten. Ich musste weiterhin im Knabenheim schlafen, aber in der kleinen Mansarde konnte ich meine Eltern täglich von Dienstschluss bis zur Sperrstunde besuchen. Diese Zeit war nun die angenehmste und normalste des Tages.

Meine Eltern hatten zwei Betten und eine Kiste zur Verfügung, und Vater nähte einen Vorhang aus alten Leintüchern, der ihre Ecke von den Mitbewohnern abschirmte. Er versuchte, ein wenig zu verschönern, was nun das Familienzimmer wurde. Wir saßen häufig miteinander auf dem Bett – das allein war schon etwas Besonderes, denn auf der Schlafpritsche im Kinderhaus gab es zum Sitzen nicht genügend Platz. Wir redeten jetzt darüber, was uns am jeweiligen Tag widerfahren war. Wenn wir ab und zu von der Freiheit sprachen, auf die wir immer noch irgendwie hofften, dachten wir an die guten alten Zeiten. Wir erinnerten uns an unsere Wohnung in Berlin und das gute Leben dort, bevor die Nazis an die Macht kamen. Von dieser Zeit wusste ich eigentlich fast nur aus den Erzählungen meiner Eltern, aber sie erschien auch mir inzwischen wie das Paradies auf Erden. Und ganz nach ihrer alten Gewohnheit sang Mutter mir immer wieder vor: „Es geht alles vorüber, es geht alles vorbei, auf jeden Dezember folgt wieder ein Mai."

Meine Bar Mitzwa

Meine Familie war nie besonders fromm gewesen, und ich hatte in der Berliner Grundschule nur zwei Stunden wöchentlich Hebräischunterricht und einiges über die Geschichte unserer Feiertage gelernt. Aber als

Juden war es für uns im Jahr 1944 einfach ein absolutes Muss, meine Bar Mitzwa zu feiern. Der übliche Termin dafür liegt bei Jungen auf dem 13. Geburtstag, das wäre ziemlich genau ein Jahr nach unserer Ankunft in Theresienstadt gewesen. Aber unter den Umständen hier hatte niemand von uns daran gedacht, ihn zu feiern.

Meine Bar Mitzwa fand nun ziemlich improvisiert in der Dachmansarde meiner Eltern statt. An dem heiß ersehnten Tag, an dem der Oberrabbiner von Dänemark mich für bereit befand und mit einem Gebetbuch auf dem Dachgeschoss meiner Eltern erschien, riefen wir unsere Nachbarn hinzu. So konnten wir einen Minjan versammeln – die für das gemeinsame Gebet erforderliche Mindestanzahl von zehn Männern. Nach der Zeremonie bekam ich den Siddur überreicht, das jüdische Gebetbuch für den Alltag und den Sabbat. Und damit war die Party auch schon zu Ende. Keine Ballons, kein Kuchen und keine Bonbons, mit denen ein Junge ansonsten bei dieser Feier beschenkt und freundlich beworfen wird. Der einzige Unterschied zu anderen Tagen bestand darin, dass ich ausnahmsweise einmal saubere Kleidung trug. Meine Eltern waren trotz der schlichten Umstände ganz gerührt und schätzten sich äußerst glücklich, dass wir diesen Moment gemeinsam erleben durften.

Die Asche im Fluss

Im November 1944 bekam ich mit einigen anderen Jungen den Auftrag zu einer speziellen Arbeit am Rande des Ghettos. Wir wurden in das Gewölbe unter einem der Festungswälle geschickt. Dort waren in erstaunlicher Ordnung unzählig viele kleine Pappkartons auf Holzregalen aufgereiht, die vom Boden bis zur Decke reichten. Diese Kartons enthielten die Überreste aller verbrannten Leichen im Ghetto. Das war also aus den Toten geworden, die ich an meinem ersten Arbeitstag zum Lagertor bringen musste. Auf jedem Pappkarton war ein Name, ein Geburts- und ein Todestag verzeichnet und darin die Asche jedes Toten, der im nahe gelegenen Krematorium verbrannt worden war. Anfänglich waren die Toten in Theresienstadt noch in der Nähe begraben worden, doch es wurden mit der Zeit einfach zu viele für Erdbestattungen. Den schmucklosen

Lagerraum für die sterblichen Überreste nannte man in Anlehnung an richtige Urnenfriedhöfe das Kolumbarium. Es beherbergte für kurze Zeit Mütter, Väter und Kinder, von deren Existenz hier nur noch ihre alphabetisch geordnete Asche zeugte.

Die Bestatter brachten täglich die Toten vom Lagertor in die Leichenhalle, wuschen sie, legten sie in simple Holzsärge und bahrten sie dann in zwei kleinen Hallen auf. Eine davon war für Juden und eine für Christen, die die größte Minderheit unter den Inhaftierten ausmachten. Für die Vernichtungspläne der Deutschen spielte der Glaube ja im Grunde gar keine Rolle, sondern nur die angebliche Rasse. Täglich fanden in den beiden Hallen für Gruppen von Toten kurze Gottesdienste statt, manchmal sogar mehrfach. Danach wurden die Leichen zum Krematorium gefahren. Weil die Strecke etwas länger war, gestand die SS den Bestattern dafür ausnahmsweise einen motorisierten Traktor zu, der den Anhänger mit den Särgen außerhalb des Ghettos zog. Sie wurden dann dort aufgestapelt, bis sie mit der Einäscherung an der Reihe waren.

In Theresienstadt ließen die Nazis die Leichen im Gegensatz zu den Öfen in den Vernichtungslagern individuell kremieren, um, wie auch bei der knappen Totenzeremonie, den Anschein eines normalen Bestattungsrituals zu wahren. Um die zeitweise über hundert Toten täglich verbrennen zu können, hatte die SS ein leistungsfähiges Krematorium mit vier Öfen errichtet, das für bis zu 180 Leichen am Tag ausgelegt war. Um beim Holz für die vielen Särge zu sparen, durften die Leichen nur auf dem Sargboden in diese Öfen geschoben werden, Wände und Deckel wurden recycelt. Nach dem Abkühlen mussten Häftlinge die feine Asche noch nach Zahngold für die SS durchsuchen. Dann kam sie in die kleinen Pappschachteln für das Kolumbarium, und Tag für Tag erstellte dort der Verantwortliche eine Liste aller Verstorbenen.

Unsere Aufgabe war nun, zusammen mit vielen anderen Häftlingen die Papp-Urnen zum Flussufer zu transportieren und die Asche der Toten ins Wasser zu schütten. Die SS wollte die menschlichen Überreste verschwinden lassen, um ihre Verbrechen vor der näherrückenden Roten Armee zu vertuschen. Die ganze Aktion dauerte insgesamt mehrere Tage, denn so ein Karton mit Asche war zwar klein und leicht, aber zu der Zeit standen dort 22 000 von ihnen in endlosen Reihen nebeneinander.

Als ich die alphabetische Sortierung der Urnen in den Regalen verstehe, beginne ich, fieberhaft nach dem Buchstaben H zu suchen. Zum Glück dauert es nicht sonderlich lang, bis ich in einem der Regale fündig werde und zwei kostbare Kartons herausziehen kann: Auf dem einen steht Gustav Heller und auf dem anderen Henriette Heller. Ich habe Oma und Opa wieder! Und während wir wie befohlen die Schachteln auf einen Karren laden, hüte ich die Urnen meiner teuren Großeltern wie einen Schatz. Als unser Karren voll beladen ist, schieben wir ihn zur Eger, die vor dem Ghetto vorbeifließt. Die anderen Jungs machen sich lustig darüber, dass ich dabei die ganze Zeit umständlich meine zwei Schachteln unter den Arm geklemmt halte. Sie können nicht begreifen, warum gerade sie mir unter den Tausenden von Pappschachteln so wichtig sind.

Als wir ans Ufer kommen, segne ich meine Großeltern mit einem letzten Abschiedsgebet und schütte ihre Asche eigenhändig in den Fluss. Ich tauche meine Hände zu einem letzten Gruß ins kalte Wasser. Die Eger fließt in die Elbe, die in die Nordsee mündet, und von dort verteilt sich ihr Wasser dann rings um die Welt. Dieser Ort in Theresienstadt ist der einzige, der mir noch etwas bedeutet und den ich einige Male wieder besucht habe. Er steht für einen der wundersamen Glücksfälle, die meiner Familie widerfahren sind. Dass ich meine Großeltern persönlich bestatten und mich auch im Namen meiner Familie doch noch von ihnen verabschieden konnte, ist für mich einer der Höhepunkte meines Lebens.

Kein Zurück mehr nach Berlin

Wir besaßen kein Radio und bekamen keine Zeitungen, deshalb wussten wir eigentlich nichts von dem, was außerhalb des Lagers wirklich geschah. Nur Gerüchte gab es, die schwirrten dafür in Theresienstadt wirklich ständig und überall herum. Von diesem „Mundfunk" zehrten die Erwachsenen und machten sich damit gegenseitig Mut zum Durchhalten. Bald würden wir befreit werden, die Rote Armee stünde schon da und dort, hieß es gerne.

Die tschechischen Juden wussten dabei meistens ein wenig mehr als wir, denn sie bekamen ihre Informationen direkt von den teilweise gesprächigen Lagerwachen. Wenn man einem Gerücht also Glaubwürdigkeit verleihen wollte, erklärte man: „Der eine tschechische Gendarm hat gesagt, dass …“, das galt dann bereits als seriöse Quelle. Dennoch handelte es sich dabei meist nur um Gerede, „Bonkes“ wie wir sagten. Die Hoffnung aber, die ein Teil davon erweckte, war echt und nachhaltig und trug mit dazu bei, nicht einfach aufzugeben.

Ende des Jahres 1944 begannen wir immer häufiger, Geschützdonner und Fliegeralarme in der Ferne zu hören. Und wir sahen manchmal alliierte Flugzeuge, die die Deutschen angriffen. Als sie regelmäßiger auftauchten, wurden wir immer sicherer, dass die Deutschen allmählich wirklich die Oberhand verloren.

Meine Familie war bislang von dem einzigen, bescheidenen Wunsch beseelt gewesen, wieder heil nach Hause zurückzukehren. Wir wollten zurück nach Berlin, in unsere Wohnung im vierten Stock. Wir erinnerten uns zusammen immer wieder an unsere Zeit dort, weil wir überhaupt keine andere Perspektive hatten. Eines Tages trafen wir dann zufällig einen alten Bekannten aus Berlin im Ghetto, der erst spät nach Theresienstadt gebracht worden war, weil er sich noch eine Weile hatte versteckt halten können. Er berichtete, dass unsere Wohnung in der Zehdenicker Straße 28 nicht mehr existiere, weil das ganze Mietshaus von einer Bombe getroffen und komplett zerstört worden sei. Selbst wenn wir das Lager überstehen sollten, gab es also nun auch kein Zurück mehr nach Berlin.

Als ich im Winter dann wieder einmal von einer Küche in Theresienstadt zur anderen herumlief, um die aktuellen Listen für die Mahlzeiten zu verteilen, sah ich Rauch am Rande des Ghettos und ging nachsehen, was da brannte. Da standen sechs SS-Männer auf offenem Gelände und hielten Unterlagen in den Händen, die sie Seite um Seite in ein Feuer warfen. Als die Deutschen bemerkten, dass ich sie beobachtete, riefen sie kurz: „Halt!“ Und obwohl der Befehl doch eigentlich „Halt – oder ich schieße!“ lautet, drückten sie im gleichen Moment schon ab. Ihre Kugeln pfiffen mir um die Ohren, und ich lief um mein Leben. Mir fiel dabei die Geschichte von dem trickreichen Hasen ein, der schnell hin- und herhüpft und sich dabei immer wieder wegduckt, um seine Jäger zu verwirren. Diese Taktik wandte auch ich an: Ich rannte so schnell ich konnte im Zickzack weg und legte mich zwischendurch flach auf den Boden. So konnte ich die SS verwirren, wie ich hoffte, und mich kurz erholen. Und dann rannte ich durchs Ghetto, bis ich mir sicher war, dass ich nicht verfolgt wurde. Aber so richtig kann ich mir im Nachhinein selbst nicht mehr vorstellen, wie ich aus dieser Situation eigentlich lebend herausgekommen bin. Und ich weiß auch nicht, was ich dort genau gesehen habe. Vielleicht haben die SS-Männer Akten verbrannt, die als Beweismaterial hätten dienen können, so wie sie das gegen Kriegsende an vielen Orten ihrer Verbrechen taten.

Fahrt ins Ungewisse

Anfang 1945 rückte die Front langsam, aber sicher an Theresienstadt heran, weil die Deutschen gegen die Rote Armee nicht mehr genug aufbieten konnten. Wir hörten und sahen häufig alliierte Flugzeuge am Himmel, der Lärm der deutschen Flugabwehrkanonen hingegen war schwächer, und deutsche Jagdflugzeuge ließen sich immer seltener blicken. Alle im Ghetto wollten natürlich glauben, dass die Nazis den Krieg jetzt endlich und endgültig verlieren würden. Die Gerüchteküche brodelte an allen Ecken und Enden. Weil zudem die Versorgung im Ghetto für die verbliebenen Insassen besser geworden war – zu jener Zeit waren wir nur noch etwa 11 000 –, hatten sich etliche Leute körperlich und seelisch ein wenig erholen können. Langsam keimte Hoffnung auf, dass wir eine echte Chance hatten, die Naziherrschaft zu überstehen.

Der Reichsführer SS, Heinrich Himmler, konnte wie alle führenden Nazis den militärischen Zusammenbruch des Deutschen Reichs schon eine Weile kommen sehen und bereitete sich entsprechend vor. Für den Fall seiner Verfolgung durch die Alliierten wollte er ganz persönlich in einem besserem Licht erscheinen. Zugleich versuchte er, der SS, also seinen Elitetruppen, Mittel und Geld für einen erfolgreichen Rückzug zu verschaffen, um einer Gefangennahme zu entgehen.

Daher traf sich Himmler mit Jean-Marie Musy, der 1925 und 1930 Bundespräsident der Schweiz gewesen war, und vereinbarte mit ihm heimlich, gegen einen exorbitanten Preis Tausende Juden aus Theresienstadt freizulassen. Angeregt haben diese Verhandlungen das jüdisch-orthodoxe Ehepaar Recha und Isaak Sternbuch[10] aus St. Gallen, die sich in der Schweizer Flüchtlingshilfe engagierten. Sie kontaktierten Musy und baten ihn, mit Himmler diskret über eine Rettungsaktion zu verhandeln. Musy erschien ihnen als der richtige Mann: Er hatte Sympathien für die Nationalsozialisten gezeigt und sich öffentlich antisemitisch geäußert. Er konnte jetzt also ein moralisches Alibi gut gebrauchen und kannte Himmler zudem schon persönlich.

Und so reiste Musy im Oktober 1944 erstmals nach Deutschland, um sich mit Himmler zu treffen. Im Gepäck hatte er einen Nachweis über die Bereitschaft jüdischer Hilfsorganisationen in den USA, jüdische Flüchtlinge aufzunehmen und ihre Überfahrt aus Europa zu zahlen. Himmler setzte im Laufe ihrer Verhandlungen als Preis für die Juden LKWs und fünf Millionen Franken durch. Das Geld, das die Hilfsorganisation American Jewish Joint Distribution Committee aufbrachte, wurde als Faustpfand auf einem Schweizer Konto hinterlegt, das Musy nach der Freilassung für Himmler freigeben sollte. Die Häftlinge sollten mit speziellen Zugtransporten in die Schweiz gebracht werden.

Wie immer völlig unerwartet, hörten wir am 3. Februar 1945 zum ersten Mal davon, dass es einen freiwilligen Transport in die Schweiz geben solle, für den man sich melden könne. Wir konnten das kaum glauben: Für gewöhnlich übermittelte der jüdische Ältestenrat den Unglücklichen den eindeutigen Befehl der SS, sich zum Transport einzufinden – und jetzt konnten wir uns freiwillig melden? Alle waren unsicher darüber, was die SS im Schilde führte. Nach großen anfänglichen Zweifeln war sich Benjamin Murmelstein, unser letzter Judenältester, jedoch ziemlich sicher, dass es sich nicht um einen Schwindel handelte und der Transport vielleicht wirklich in die Schweiz gehen sollte. Daher rief auch der Ältestenrat schließlich dazu auf, sich freiwillig zu melden.

Das war neu. Es war zwar schon vorher möglich gewesen, sich beim Ältestenrat aus eigenem Antrieb freiwillig auf eine der Deportationslisten

10 Zu den Rettungsaktionen von Recha Sternbuch (1905–1971) und ihrem Mann Isaak hat Max Wallace kürzlich ein umfassendes Buch vorgelegt: In the Name of Humanity: The Secret Deal to End the Holocaust. New York 2018.

setzen zu lassen, sodass man an jemand anderes Stelle fuhr. Oft aus Verzweiflung wollten manche an die „Umsiedlung in den Osten" glauben, die uns die Nazis versprachen. Manche konnten sich nicht vorstellen, dass es ihnen dort noch schlechter als im Ghetto würde ergehen können. Und viele von ihnen wollten einfach ihren Angehörigen folgen, die zuvor gezwungen worden waren, „in den Osten" zu fahren.

Meine Eltern hatten mir jedoch eingeschärft, mich unter keinen Umständen freiwillig für einen Transport zu melden. Ihre Devise war, sich mit der Situation zu arrangieren. Denn so schwierig sie auch war, so befürchteten sie doch, dass es noch schlimmer kommen würde. Im Fall dieses Zuges bekam jedoch auch mein vorsichtiger Vater den Eindruck, dass der Transport wirklich anders war, und beschloss kurzerhand: „Wir fahren!" In einer ersten Runde meldete sich über die Hälfte aller Häftlinge in Theresienstadt als Passagiere, und so gab es ein Auswahlverfahren, das jetzt wieder der Jüdische Ältestenrat auf Geheiß der SS übernehmen musste. Nach seiner ersten Auslese waren wir noch 2000, ein letzter Durchgang, den ungewöhnlicherweise die SS eigenhändig vornahm, reduzierte uns auf 1200 Personen. In seinem Buch „Theresienstadt – Eichmanns Vorzeige-Ghetto" erinnert sich Murmelstein 1961 an die Kriterien für den Transport: Nur jene durften mitfahren, „die vor dem 28. Oktober 1944 nach Theresienstadt gekommen waren, keine Beziehungen zum Ausland hatten und keine Angehörigen, die nach Osten deportiert worden waren".[11]

Und meine Eltern und ich waren letztlich dabei! Ich weiß bis heute nicht, warum man gerade uns ausgewählt hat. Meine Eltern galten ja eigentlich als wertvolle Arbeiter, die man bis dahin nicht hatte deportieren lassen. Meine Eltern und ich haben auch später nie darüber gesprochen, warum gerade wir so viel Glück hatten.

Nach der Bekanntgabe der Passagierlisten hatten wir nur noch einen Tag Zeit und packten die wenigen Sachen, die wir unseren Besitz nannten. Jeder durfte sowieso nur einen ordentlichen Koffer mitnehmen. In der Nacht vor der Abreise taten wir alle drei kein Auge zu. Wir hofften

11 Benjamin Murmelstein, Theresienstadt – Eichmanns Vorzeige-Ghetto, Wien 2014, S. 219.

inständig auf eine bessere Zukunft, andererseits waren wir verunsichert und ängstlich. Am 5. Februar 1945 war es dann endlich soweit und der Zug verließ das Ghetto. Laut einem Artikel aus der *Neuen Zürcher Zeitung* von Jörg Krummenacher kamen 663 seiner jüdischen Passagiere ursprünglich aus Deutschland, 434 aus den Niederlanden und 103 aus der Tschechoslowakei. Die meisten, etwa 1000 Personen, waren älter als 60 Jahre.[12]

12 Der Artikel ist unter https://www.nzz.ch/schweiz/schweizer-geschichte/die-freigekauften-juden-aus-theresienstadt-1.18478724 online einsehbar. Dort findet sich u. a. eine Reproduktion des Bildes von Ben Ami, das Zvi Cohen weiter unten beschreibt, sowie Fotos aus dem Schweizer Flüchtlingslager, auf die sich der Autor auch bezieht.

Der Zug in die Freiheit

Unser Zug fuhr über die zwischenzeitlich von Ghetto-Häftlingen gebaute neue Strecke nach Bauschowitz und dann wieder über Leitmeritz, Karlsbad und die ehemalige Grenze zurück nach Deutschland. Dann aber nicht wieder Richtung Berlin, so wie wir gekommen waren, sondern über Bayreuth, Nürnberg und Augsburg bis hinunter nach Friedrichshafen an den Bodensee, dessen südliches Ufer in der Schweiz liegt.

Bald nach der Abfahrt aus dem Ghetto ließ die SS Brotlaibe austeilen – einen ganzen für jeden von uns! So viel hatten wir noch nie von ihnen bekommen. Weil wir nicht wussten, wie viele Tage unsere Fahrt dauern würde, teilten wir sie uns vorsichtshalber selbst in Rationen ein. Männer von der Lager-SS fuhren die ganze Zeit im Zug mit und bewachten uns. Die Viehwaggons, die als Deportationszüge dienten, konnten sie von außen fest verriegeln, aber da wir nun in einem normalen Personenzug saßen, hätte leicht jemand bei langsamer Fahrt abspringen und fliehen können.

Ein Offizier marschierte plötzlich durch den Gang und brüllte: „Nehmt die Judensterne ab!" Im Lager war es wie im gesamten Deutschen Reich allen Juden bei Todesstrafe verboten, ihre Kleidung ohne Stern zu tragen. Vater hatte sie uns deshalb sehr ordentlich angenäht. Vielleicht war der Befehl jetzt bloß ein gemeiner Vorwand, um uns bestrafen oder ermorden zu können, befürchteten wir. Doch dann schrie der SS-Mann seine Anweisung noch einmal und fügte unmissverständlich drohend hinzu: „Das ist ein Befehl!" Also machten wir uns daran, die Nähte der Sterne aufzutrennen. Wir hatten große Mühe, den Stoff darunter dabei nicht zu beschädigen. Als es uns schließlich gelungen war, blieb ein Schatten auf der Kleidung zurück – ein stummer Zeuge dessen, was wir in den vergangenen Jahren durchgemacht hatten. Meinen Stern habe ich als Erinnerung daran bis heute aufgehoben.

Die SS ließ uns ansonsten für den Großteil der Fahrt zum Glück meist in Ruhe. An der Grenze zur Schweiz musste sie den Zug verlassen – die

Deutschen durften den souveränen Nachbarstaat keinesfalls betreten. Die Lokomotive der Reichsbahn wurde kurz vor der Grenze ab- und am anderen Ende des Zuges wieder mit einem Ruck angekoppelt und schob die Waggons dann rückwärts das letzte Stück durch das Grenzgebiet in die Schweiz. Dort übernahm die eidgenössische Grenzpolizei die Kontrolle über den Zug, und die Schweizerische Bundesbahn zog ihn mit eigener Lok weiter.

Von der Hölle ins Paradies

Bis zu unserer Ankunft an der Schweizer Grenze wusste fast niemand von der geheimen Aktion – selbst der Schweizer Bundesrat wurde überrascht. Und Himmler hat dafür sogar den Führer übergangen, weil der für keinen Juden jemals eine Ausnahme genehmigt hätte, auch nicht zum eigenen Vorteil. Als Adolf Hitler kurz darauf aus der internationalen Presse von der gelungenen Rettungsaktion erfuhr, sorgte er umgehend dafür, dass alle Pläne für weitere Deals auf der Stelle begraben wurden. Unser Transport sollte der einzige seiner Art aus Theresienstadt bleiben, obwohl Musy über die Rettung vieler weiterer Juden verhandelt hatte. Daher hat man das Himmler versprochene Geld dann auch nicht freigegeben.

Als wir nun am 7. Februar 1945 in unseren Zielbahnhof St. Fiden – einen Stadtteilbahnhof von St. Gallen – einfahren, erwartet uns dort freundlich winkend ein kleines Empfangskomitee von Helfern. Wir öffnen das Fenster unseres Abteils und winken zurück, hier scheinen wir willkommen zu sein. Sofort bekomme ich einen Schlag an den Kopf und zucke erschrocken zusammen. Dann sehe ich, dass ich von einer Tafel Schokolade getroffen worden bin. Ich hebe sie vom Boden auf, reiße die Verpackung gierig auf und will mich gerade über die himmlische Süßigkeit hermachen, da bekomme ich schon wieder eine verpasst. Jetzt aber auf meine Hand und nicht versehentlich. Es ist mein Vater, der mich streng zur Zurückhaltung ermahnt. „Nur einen einzigen Würfel!", bestimmen meine Eltern kategorisch. Denn sie wissen, dass wir wegen der Mangelernährung fast nichts mehr vertragen können. Es wäre lebensgefährlich für uns, plötzlich große Mengen auf einmal zu essen. Etliche geschwächte Häftlinge aus

Konzentrationslagern sind noch nach ihrer Befreiung daran gestorben, da sie ihren Körper durch die endlich gewährte Nahrung überfordert haben.

An das, was wir in den folgenden Stunden und Tagen erlebten, erinnere ich mich nur bruchstückhaft – zu groß war die Veränderung, und die Freiheit war wie ein Schock für mich. Ich spürte, dass wir jetzt gerettet waren, hatte mir das alles aber vorher überhaupt nicht vorstellen können. Daher musste ich zuerst mit der neuen Situation zurechtkommen. Aufzeichnungen der Schweizer Behörden dokumentieren, dass wir anschließend in das notdürftig zum Quarantänelager umfunktionierte Hadwig-Schulhaus gebracht wurden. So wie wir aussahen, müssen wir den Schweizern aufgefallen sein; zahlreiche Passanten beobachteten das Geschehen. Wir hatten zwar die beste Kleidung an, die es in Theresienstadt gab, aber sie war dennoch schäbig. Und man sah uns die totale Erschöpfung an, wir waren ausgemergelt von der Zeit im Ghetto. Unter den Schweizern war Ben Ami, ein jüdischer Kunstmaler aus Estland, der bereits 1930 nach St. Gallen geflohen war. Er half bei unserer Ankunft als Übersetzer. Er war von unserem Anblick schwer erschüttert und zeichnete eine Gruppe Geretteter auf ihrem Weg in die Notaufnahme mit düsteren Kreidestrichen – auf seinem Bild sehen sie aus wie der Marsch eines Trauerzuges. Es ist das einzig verbliebene Zeugnis von unserer Ankunft in der Schweiz.

Im Schulhaus hatte das Schweizer Rote Kreuz bereits ein Notlager eingerichtet. Wir wurden dort einer kurzen Untersuchung unterzogen, desinfiziert und registriert. Ein Arzt hörte mich mit seinem Stethoskop ab und war bald zufrieden. Die ganze Zeit über bewachten uns Schweizer Soldaten, doch sie waren ganz anders als die Männer von der SS. Die hatten uns sofort angeschnauzt, wenn wir sie nur kurz anzublicken wagten: „Du Saujude, halt bloß Dein Maul!“ Die Schweizer Uniformierten dagegen waren freundlich, haben die älteren Leute nicht automatisch geduzt und manchmal ein wenig mit uns gesprochen.

Für die Nacht kamen wir in einem der Schulräume unter, Familien durften zusammenbleiben. Die Zimmer waren beheizt, und wir schliefen auf Stroh, verteilt auf dem Fußboden, für Gebrechliche und Kranke waren einfache Feldbetten aufgestellt worden. Zum Abendessen gab es richtige Suppe und gutes Brot – und wieder achteten meine Eltern penibel darauf, dass ich nicht zu viel aß. Dort blieben wir ein paar Tage. Später habe ich

Fotos gesehen, die der Schweizer Fotograf Walter Scheiwiller dort von uns gemacht hat. Ich selbst habe mich auf keinem davon entdecken können, aber dafür meinen späteren Freund Achim – eigentlich Joachim Bagainski, der damals erst circa acht Jahre alt war. Das Foto zeigt ihn lachend auf einer Pritsche liegend, neben ihm sitzt der St. Gallener Arzt Hans Richard von Fels, der ihn liebevoll von oben anblickt, sein rechter Arm ruht auf Achims Rücken. Es ist ein fröhliches Foto aus einer für uns noch ungewissen Zeit – heute lebt Achim in der Nähe meines Kibbuz' in Israel.

Nach ein paar Tagen wurden wir alle in größeren Gruppen auf verschiedene Orte in der Schweiz verteilt. Mitte Februar kam meine Familie so in ein Auffanglager nach Les Avants bei Montreux am Genfer See. Aus dem Schweizer Bundesarchiv weiß ich, dass wir gut einen Monat dort verbracht haben – persönlich erinnern kann ich mich auch an diesen Ort so gut wie gar nicht. Wir wurden von der eidgenössischen Polizei befragt, man nahm Fingerabdrücke von uns, und wir wurden erneut medizinisch untersucht. Unsere körperliche Verfassung war relativ gut, und wir waren gesund. Hier wurden wir offiziell als jüdische Flüchtlinge registriert und bekamen einen entsprechenden Ausweis. Andere Gruppen aus unserem Zug kamen in Übergangslager nach Adliswil, Belmont-Montreux und Lausanne. Nach dem Ende des Krieges reisten die meisten Juden dann entweder zurück in ihre Herkunftsstaaten oder wanderten nach Amerika oder Palästina aus. In der Schweiz durfte letztlich niemand von uns bleiben, wir alle bekamen nur eine Aufenthaltsgenehmigung für sechs Monate.

Nach einem Monat in Les Avants wurde unsere Gruppe noch einmal verlegt, und am 10. März 1945 erreichten wir Engelberg in der Nähe des Vierwaldstättersees. Ich wog jetzt 34 Kilo, erholte mich und nahm langsam weiter zu. Wir wohnten dort im Hotel Titlis, das nach dem Berg in der Nähe benannt war. Das Hotel wirkte auf mich prunkvoll wie ein Schloss. Alles war hier so unglaublich schön gemacht, wunderbar fein und ganz ordentlich. Bis heute besitze ich noch ein Foto, das mich im Garten vor dem Hotel zeigt: In kurzen Hosen stehe ich auf einem Mäuerchen, ich blicke gelöst und freundlich in die Kamera. Wie sollte ich nur eine so plötzliche und völlige Veränderung in meinem Leben verstehen? Ich lief immer wieder im ganzen Hotel umher, schaute mir alles genau an und saugte seine ganze Pracht dabei in mich auf.

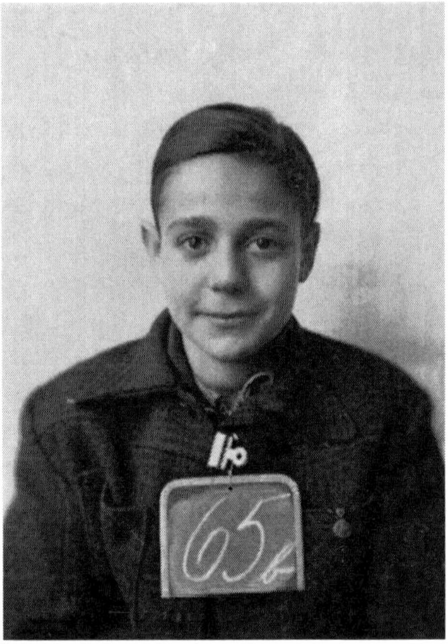

Bild im Flüchtlingsausweis von Horst Cohn, ausgestellt in Les Avants/Schweiz am 23. 2. 1945
Bundesarchiv Bern, Schweiz

Ich genoss die Sauberkeit, die weichen Betten und Kissen, die ständige Gegenwart meiner Eltern und das großartige Essen – aber weiter in Maßen natürlich. Ich war jetzt wieder ein ungeheuer neugieriger, aber immer noch sehr folgsamer Junge. Unter den paar Hundert Leuten, die man in Engelberg unterbrachte, war ich meiner Erinnerung nach das einzige Kind. Und da ich nicht krank war, ließen mich die Schweizer ausnahmsweise hinaus, um die Umgebung erkunden zu können, während meine Eltern wie alle anderen noch einige Wochen in Quarantäne verbringen mussten. Man hatte Angst, sie könnten doch noch eine der in den Lagern verbreiteten Seuchen in sich tragen, und wollte sie daher beobachten und regelmäßig untersuchen.

Unser Hotel war an einem Hang gelegen, umgeben von grünen Wiesen und Wäldern. Die Schweiz war so wunderschön. Oberhalb des Waldes waren die steilen Berge bis zu den Spitzen von Schnee bedeckt. Selbst unten in Engelberg lag jetzt im Frühling noch welcher. Noch nie im Leben hatte ich so viel Schnee gesehen! Ich griff mir die kalten Flocken mit vollen Händen und schmiss sie freudig nach oben. Dann durchstreifte ich die kleine

Bild im Flüchtlingsausweis von Max Cohn, ausgestellt in Les Avants/Schweiz am 23. 2. 1945
Bundesarchiv Bern, Schweiz

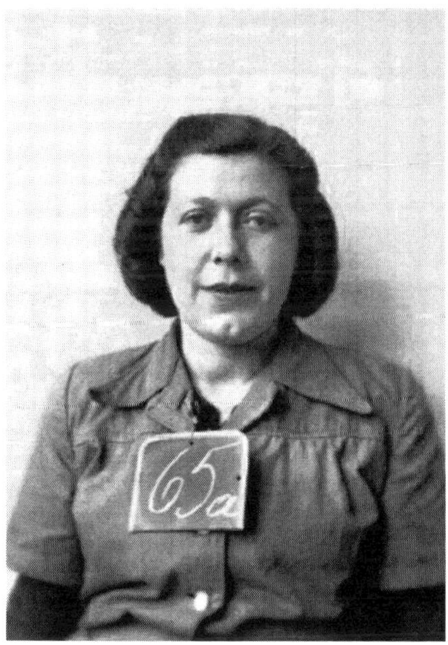

Bild im Flüchtlingsausweis von Gertrud Cohn, ausgestellt in Les Avants/Schweiz am 23. 2. 1945
Bundesarchiv Bern, Schweiz

Horst Cohn in Engelberg in der Schweiz 1945

Gemeinde, die im Sommer wie auch im Winter ein beliebter Ferienort war. Ich erklomm die Berge rund um den Ort zumindest ein Stückchen weit, und einmal fuhr ich sogar mit der Seilbahn bis ganz oben auf den Titlis.

Weil alle hier wie selbstverständlich mit Skiern herumfuhren, wollte ich das natürlich auch. Ich lieh mir welche aus, doch verrenkte ich mir leider gleich ein Bein, weil ich das Fahren nie gelernt hatte. An einem anderen Tag bin ich mit ein paar Schweizer Jungen in meinem Alter nach Luzern zum Vierwaldstättersee geradelt. Der See lag so still in der imposanten Berglandschaft, seine klare Schönheit hat mich besonders beeindruckt. Und ich erinnere mich an eine kleine Schifffahrt, die ich dort unternommen habe.

Die Natur so einfach und direkt zu erleben war völlig neu für mich. In Berlin war ich noch zu klein gewesen, um die dortige Umgebung bewusst kennenzulernen, und später war ich immer nur eingesperrt.

Für die Menschen um mich herum schien das alles hier völlig selbstverständlich zu sein. Nicht, dass ich wirklich gewusst hätte, was das bedeutete – aber so sah es wohl aus, das normale Leben. Die Leute gingen durch ihre hübschen Orte oder fuhren mit einem Automobil hindurch, sie zogen Blumen groß und brachten runde, rosige Babys zur Welt, die sie dann in ebenso runden Kinderwagen spazieren fuhren. Ich konnte nur staunen.

Ich begegnete vielen freundlichen und aufgeschlossenen Schweizern: „Wie geht's, woher kommst du, was habt ihr erlebt?" Doch keiner von ihnen konnte dann glauben, was ich berichtete; das Vernichtungsprogramm der Nazis war ihnen noch völlig unbekannt. Und ich konnte nicht verstehen, wieso man der Realität, die ich fast zwei Jahre lang erleben musste, hier mit Unglauben begegnete. Warum zweifelte man meine Aussagen an? Gemeinsam mit meinen Eltern entschloss ich mich, dass es offenbar besser war, die Wahrheit erst einmal für sich zu behalten. Und fortan antwortete ich auf allzu neugierige Fragen einfach: „Es war schwer, aber jetzt ist alles in Ordnung."

Während eines meiner kleinen Streifzüge durch das oft ziemlich verschlafene Engelberg sprach mich eines Tages der Abt des örtlichen Klosters an. Er fragte mich, ob ich der Junge aus Theresienstadt sei. Und er wisse, sagte er, dass mir sehr viel Leid angetan worden sei, und könne mir helfen. „Werde katholisch, und ich werde für dich ein Leben lang sorgen", bot er mir an. Zurück im Hotel erzählte ich gleich meinen Eltern davon. Doch sie lehnten den Vorschlag wie schon früher im katholischen Krankenhaus in Berlin kategorisch ab. „Auf gar keinen Fall, wir sind Juden und werden es bleiben!" Und so blieb es bei dem freundlich gemeinten Angebot.

Dicke Freundschaften habe ich in der Schweiz keine geschlossen, doch gerne erinnere mich an ein Schweizer Mädchen mit dem Namen Vöni. Ich habe sie mehrmals im Dorf getroffen und mit ihr gesprochen. Das Gefühl der Freiheit, das ich zum ersten Mal in der Schweiz erleben durfte, hat mich tief geprägt: Keiner dort schlug mich, keiner trat mich. Keiner demütigte mich und zwang mich zu irgendetwas. Zum ersten Mal in meinem Leben war ich ein freier Jude. Ich war von der Hölle ins Paradies gekommen.

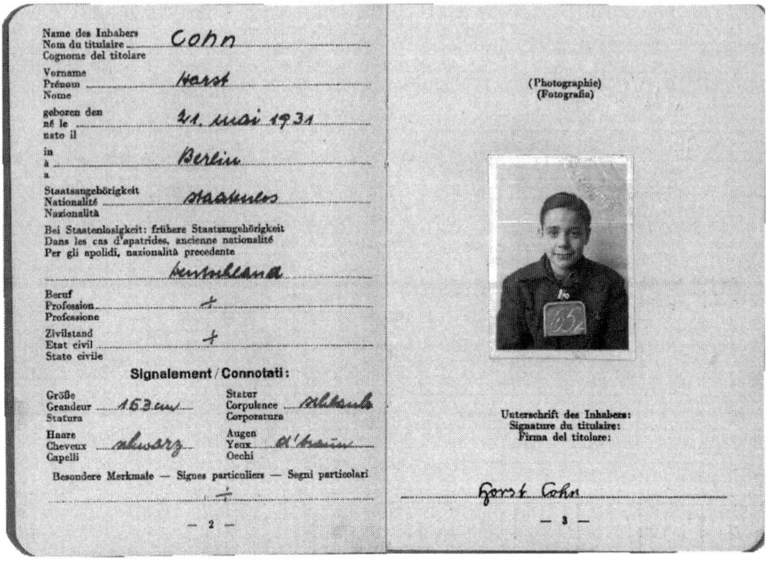

Name des Inhabers / Nom du titulaire / Cognome del titolare: Cohn
Vorname / Prénom / Nome: Horst
geboren den / né le / nato il: 21. mai 1931
in / à / a: Berlin
Staatsangehörigkeit / Nationalité / Nazionalità: staatenlos
Bei Staatenlosigkeit: frühere Staatszugehörigkeit / Dans les cas d'apatrides, ancienne nationalité / Per gli apolidi, nazionalità precedente: Deutschland
Beruf / Profession / Professione: +
Zivilstand / Etat civil / Stato civile: +

Signalement / Connotati:

Größe / Grandeur / Statura: 163 cm
Statur / Corpulence / Corporatura: schlank
Haare / Cheveux / Capelli: schwarz
Augen / Yeux / Occhi: d'braun
Besondere Merkmale — Signes particuliers — Segni particolari: +

— 2 —

(Photographie) (Fotografia)

Unterschrift des Inhabers: / Signature du titulaire: / Firma del titolare: Horst Cohn

— 3 —

Eine Seite aus dem Schweizer Flüchtlingsausweis von Horst Cohn, ausgestellt am 25. 5. 1945 in Bern | Bundesarchiv Bern, Schweiz

Ein Leben unter Gleichen

Solange meine Eltern das Hotel noch nicht verlassen durften, guckten sie sehnsüchtig aus dem Fenster und beobachteten die Umgebung, lauschten dem Vogelgezwitscher und sahen den vorbeifahrenden Autos nach. Alle Frauen, auch meine Mutter, halfen in der Küche des Hotels, weil Hunderte Flüchtlinge regelmäßig verpflegt werden mussten. Den einzigen Kontakt, den beide zu Schweizern hatten, war der kurze Austausch mit den Hotelangestellten. Ich diente ihnen daher die ganze Zeit auch als Verbindung zur Außenwelt und erzählte ihnen alles, was ich gesehen und erlebt und mit wem ich gesprochen hatte.

Während sie sich langsam erholten, grübelten Vater und Mutter jetzt häufig über den Verbleib ihrer Angehörigen nach. Ab und an schrieben sie einen Brief, um sich nach ihrem Verbleib zu erkundigen. Wir wussten einfach überhaupt nichts darüber, was mit der in Berlin verschwundenen Familie meines Vaters geschehen war, und auch von den Angehörigen meiner Mutter, die Deutschland noch auf verschiedenen Wegen hatten verlassen können, hatten wir schon ewig kein Lebenszeichen mehr bekommen. Bis auf meine Großeltern, die in Theresienstadt verhungert waren, blieben wir im Ungewissen.

So ähnlich wie der Abt sprach mich ein paar Wochen später wieder ein Mann im Dorf freundlich auf der Straße an. Auf Deutsch, mit einem harten ungarischen Akzent, stellte er sich als Herr Fekete vor – bis heute kenne ich seinen ganzen Namen nicht, obwohl dieser Herr Fekete unser Schicksal bestimmt hat. Er war Delegierter der Jewish Agency, der jüdischen Hilfsorganisation und offiziellen Vertretung der Juden in Palästina, die auch für die dortige Einwanderung zuständig war. Herr Fekete erzählte, dass er in Europa unterwegs sei, um nach jüdischen Waisenkindern zu suchen, die den Krieg und die Nazis irgendwie überlebt hatten und jetzt ein neues Zuhause brauchten. Er erzählte mir, dass ich in Palästina in einem Kibbuz leben könnte.

Wo? Wer? Was? Warum? Ich habe Hunderte von Fragen. Herr Fekete erzählt mir von „Eretz Israel“ [wörtlich „Land Israel“], dem Land der Juden. Dort, in unserem Land, erklärt er mir, können wir endlich bleiben und in Sicherheit leben. Er berichtet mir über das Leben in der Kooperative, wie ich in einer jüdischen Gemeinschaft mit anderen Kindern zusammen leben, lernen und spielen werde. Ich werde endlich wieder Freunde haben!

Ich zeigte mit dem Finger bestimmt in Richtung meines Hotels und bat ihn, sich an meine Eltern zu wenden. Also besuchte Herr Fekete meine Eltern und versuchte, sie von einer Übersiedelung nach Palästina zu überzeugen. Er schlug vor, dass ich mit der Jugend-Aliyah[1] einwandern sollte, denn das war in jenen Tagen die einzige Möglichkeit, legal ins Land zu kommen. Zudem versprach Herr Fekete meinen Eltern, dass sie mich begleiten durften. Das war ungewöhnlich, denn im Allgemeinen kümmerte sich die Jugend-Aliyah nur um Kinder, es waren ohnehin fast alle Waisen. Doch Herr Fekete hatte schon verstanden, dass er uns nur als Familie überzeugen konnte.

Er berichtete mir und meinen Eltern von den großen modernen Städten Jerusalem, Tel Aviv und Haifa. Er sprach von der Wüste, die das

1 „Aliya“ stammt aus der Bibel und bedeutet „Rückkehr“.

Land zu dieser Zeit vor allem charakterisierte, und dem häufig schwierigen Leben, das sie mit sich brachte. Und er erzählte von den arabischen Beduinen, die die Wüste bewohnten und unsere Nachbarn sein würden.

Am ausführlichsten erklärte er das Konzept des zionistischen „Beit Aliyat Hanoar“, das Haus der jüdischen Jugendeinwanderung im Schweizerischen Bex. Dort nahm er all die Kinder auf, die er in der Schweiz gefunden hatte und die nach Palästina auswandern wollten. Die Jugendlichen, die dort zusammenlebten, lernten schon etwas Hebräisch, die Sprache der Juden in Palästina. Vor allem aber lernten sie erst einmal, wieder ausgelassen zu sein.

Meine Eltern lauschten seinen Worten aufmerksam, denn ein Zurück gab es für uns nicht. Die Wohnung im vierten Stock in der Zehdenicker Straße war wie das ganze Haus kaputt gebombt worden, und die deutsche Staatsbürgerschaft hatten uns die Nazis ohnehin längst entzogen. Dauerhaft in der Schweiz bleiben konnten wir nicht, das war ebenfalls schon klar. Dennoch war Mutti zuerst nicht bereit, ihr Einverständnis zu geben. Die Vorstellung, dass ich zur Vorbereitung auf unsere Einwanderung in das Jugendheim in Bex gehen würde und wir daher vorerst getrennt leben würden, machte ihr Angst. Sie sagte immer wieder: „Wir waren in schlechten Zeiten zusammen, dann wollen wir auch in guten Zeiten zusammen sein.“ Wahrscheinlich einfach mangels einer anderen Perspektive, überhaupt irgendwo anzukommen, wo wir zusammenbleiben und uns ein neues Leben aufbauen konnten, hat sie sich letztlich doch von Herrn Fekete überzeugen lassen. Nur mit seiner Hilfe konnten wir legale Einwanderungszertifikate für Palästina bekommen.

Nach Ablauf ihrer Quarantäne begannen auch meine Eltern, wieder in die Normalität des alltäglichen Lebens zurückzukehren, und durchstreiften auf meinen Spuren Engelberg und die Umgebung. Zwischendurch hatte endlich der Zweite Weltkrieg in Europa offiziell aufgehört, aber von all dem bekamen wir, wie die Schweizer, in der Idylle hier kaum etwas mit. Die Rote Armee verjagte die Nazis wieder aus Tschechien und der Slowakei, so wie wir immer gehofft hatten, und die beiden Länder vereinigten sich wieder. Die Sowjetsoldaten befreiten am 8. Mai auch das Ghetto Theresienstadt und konnten noch über zehntausend unserer Mithäftlinge retten. Sie rettete dabei auch noch viele gerade erst

Bild von Horst Cohn für einen Identitätsausweis zur Auswanderung nach Palästina 1945
Bundesarchiv Bern, Schweiz

eingetroffene Juden, denen es ganz besonders schlecht ging. Sie waren von der SS in den letzten Kriegswochen aus den Vernichtungslagern zurücktransportiert worden. Die Nazis hatten es einfach logistisch nicht mehr geschafft, sie zu ermorden, und sie daher ohne jede Versorgung wieder in die Viehwaggons gepfercht und sie zurück Richtung Ghetto geschickt, um sie unterwegs noch verdursten zu lassen. Mehrere Tausend waren in diesen Todeszügen nur halb tot zwischen den Leichen der anderen angekommen.

Am 21. Mai feierte ich zusammen mit meinen Eltern noch den 14. Geburtstag in der Schweiz. Mutti hat mir endlich wieder einen leckeren Geburtstagskuchen backen können, und ich bekam sogar ganz unerwartet ein Geschenk. Ein älterer Mann, wie wir auch ein Flüchtling in Engelberg, fertigte eine wunderschöne Bleistift-Zeichnung von Mutti an, die er mir überreichte. Lange Zeit noch habe ich sie aufbewahrt, aber später ist sie mir leider verloren gegangen.

Anfang Juni mussten wir dann vorerst Abschied voneinander nehmen. Meine Eltern hatten von Herrn Fekete persönlich das Versprechen erhalten, dass er mich sofort zu ihnen zurückbringen würde, falls ich mich nicht wohlfühlen sollte oder nicht in die Jugendgruppe einfügen könnte.

Im Kinderparadies

Doch mir ging es prächtig in dem Jugendheim. Im „La Villa des Bains", das wohl ein ehemaliges Hotel war, lebten schon viele jüdische Kinder und Jugendliche, die auf ihre Ausreise warteten. Keines von ihnen hatte wie ich ein Ghetto oder ein Konzentrationslager durchstehen müssen, weil sie in ihren Heimatländern in Kirchen versteckt oder von zumeist christlichen Familien als eigene Kinder ausgegeben worden waren. Im Gegensatz zu mir wussten sie meistens nichts über den Verbleib ihrer leiblichen Eltern und konnten sich an sie häufig nicht einmal mehr erinnern.

Ich erfuhr, dass eine größere Gruppe bereits nach Palästina aufgebrochen war und wir mit dem nächsten Schiff fahren konnten. Der Name unserer Gruppe sollte fortan „Kvuzat Atid" lauten: „Gruppe Zukunft". Im Jugendheim übten wir für unser künftiges einfaches Leben im Kibbuz. Wir hielten einige Tiere und pflegten einen Gemüsegarten, zudem lernte ich zum ersten Mal in meinem Leben, Völkerball zu spielen. Ich schnappte im Unterricht schon ein paar Worte Hebräisch auf, und wir studierten ein Lied auf Althebräisch ein, das ich nie vergessen habe. Es ging so: „Dort stehe ich, am Tor vorm Städtchen, und warte, warte auf mein Mädchen …".

In Bex erlebte ich auch meine erste richtige Schwärmerei. Ihr Name war Tamara Gross, und sie war das hübscheste Mädchen im ganzen Jugendheim. Ich war schwer stolz, dass sie mit mir gehen wollte, und einmal haben wir uns geküsst. Tamara wanderte dann erst mit uns nach Palästina aus und ging später mit ihrem Vater, einem Botschafter, nach Rom. 1962 kam ich zum ersten Mal wieder zurück nach Europa und besuchte sie in der Hauptstadt Italiens. Sie zeigte mir alle Sehenswürdigkeiten und ein paar Mal haben wir uns danach noch geschrieben.

Ab und zu kamen meine Eltern für einen kurzen Besuch nach Bex – jedes Mal zeigte ich ihnen ganz stolz mein neues Zuhause. Auf einem Foto, das ich heute noch aus dieser Zeit habe, stehe ich mit sieben anderen Jungen

Horst Cohn (4. v. r.) im zionistischen Jugendheim in Bex/Schweiz 1945

vor einem weißen Zelt auf einer großen Wiese. Während wir eine Reihe bilden und Arm in Arm zusammenstehen, blicken wir stolz und lachend in die Kamera. Die Zeit verging rasend schnell, und drei Monate später war es schon so weit: Ende August verließen wir die Schweiz, und wie vereinbart begleiteten uns meine Eltern.

Auf nach Palästina!

Zur gemeinsamen Abreise trafen wir meine Eltern am Bahnhof in Brig, von dort aus fuhren wir mit dem Zug über Domodossola und Novara nach Italien. Während der langen Fahrt mussten wir öfter anhalten, um Wasser für die Lokomotive zu tanken. Das brachte mich auf eine grandios dumme Idee. Ich wollte überprüfen, ob meine nagelneue Schweizer Armbanduhr tatsächlich so wasserdicht war, wie es die Gravur auf ihrer Unterseite versprach. Jeder von uns im Jugendheim hatte eine solche Uhr geschenkt bekommen, deren Ziffernblatt statt Zahlen hebräische Buchstaben schmückten. Ich wollte jetzt also mal so richtig testen, was sie aushalten konnte, und ließ den harten Wasserstrahl der Kesselspeisepumpe auf sie einprasseln. Ihr Ziffernblatt wurde augenblicklich blass, und aus war es mit der Uhr. Der Strahl hatte das Glas einfach eingedrückt, ich konnte sie wegschmeißen. Was für ein Verlust! In Theresienstadt hatte ich nie eine Armbanduhr, weil die SS alle Uhren bei Ankunft konfiszierte, und jetzt hatte ich aus reinem Übermut mein erstes eigenes Exemplar ruiniert.

Die italienische Landschaft unterschied sich von allem, was ich bisher gesehen hatte. Die Schweiz war vergleichsweise kühl und schroff, hier war es wunderbar warm und einladend. Vor allem sind mir die Unmengen an Obst in Erinnerung geblieben, Früchte aller Sorten und Farben, in einem Überfluss, wie ich ihn noch nie erlebt hatte. In der Schweiz gab es nicht allzu viel Obst, die ländliche Bevölkerung lebte ziemlich bescheiden.

Als wir in Bari in der Region Apulien ankamen, stellte sich heraus, dass unser Schiff doch nicht von dort auslaufen konnte und wir stattdessen bis zum Hafen von Tarent weiterfahren mussten. Dort erwartete uns dann ein britisches Kriegsschiff für die Überfahrt, und wir gingen zusammen mit einigen Hundert anderen europäischen Juden an Bord. Manche waren wie wir zuvor in der Schweiz gewesen, andere kamen vor allem aus südeuropäischen Ländern. Da eigentlich kein Platz für zivile Passagiere vorgesehen war, mussten wir uns alle in den Räumen der Mannschaften miteinander arrangieren. Auch in dieser neuen Situation fand ich mich schnell zurecht und lernte schnell einige Brocken Englisch. So konnte ich zwischen der Besatzung und den Passagieren übersetzen.

Unsere Reise übers Mittelmeer sollte eigentlich zwei Tage dauern, doch die See war noch übersät von Sprengsätzen aus dem Krieg. Daher konnte das Schiff nie schnell fahren, und ein Späher mit Fernglas musste Tag und Nacht im Ausguck an der Mastspitze stehen und nach Treibminen unter der Wasseroberfläche Ausschau halten. Wir tuckerten also ganz vorsichtig in Richtung „Eretz Israel“ – in das Land, in dem Juden und Araber lebten. Dorthin, wo man eine für mich noch ziemlich seltsame Sprache sprach. Ein paar Worte Hebräisch hatte ich schon gelernt: „Schalom“, „ken“, „lo“ und „tov“, also „Hallo und Tschüß“ „ja“, „nein“ und „gut“ - ein reicher Wortschatz! Und ein vielversprechendes Lied kannte ich ja auch schon: „An der Tür da werd’ ich stehn, und warten, auf wen, auf wen, auf wen ...“.

Eretz Israel

Endlich nähern wir uns am 1. September 1945 nach vier langen Tagen auf See wieder dem Land. Der Kapitän lässt uns daher in aller Frühe wecken, und ich eile sofort zusammen mit den anderen hoch an Deck. Wir blicken voller Erwartung in Richtung der noch verschwommen erscheinenden Küste und werden Zeugen eines großartigen Naturschauspiels. In der Morgendämmerung zeichnet sich zuerst die scharfe Silhouette des Karmel-Gebirges ab, dann beginnen seine sanften Bergkuppen langsam im Licht der ersten Sonnenstrahlen rot aufzuleuchten, und schließlich überflutet die aufgehende Sonne die ganze Küste mit ihrem gleißenden Licht und lässt unser Ziel in voller Pracht erstrahlen: die alte Hafenstadt Haifa mit ihren berühmten am Berg Karmel hängenden Bahai-Gärten.

Die Schönheit unserer künftigen Heimat überwältigte uns, wir waren irrsinnig aufgekratzt. Wir konnten die kurze Zeit, bis wir in den Hafen einliefen, kaum mehr abwarten. Als wir endlich angelegt hatten, erwarteten uns ein offizielles Empfangskomitee und viele neugierige Zuschauer. Unsere Ankunft war in der Presse groß angekündigt worden. Wir gehörten zu einem der ersten Kontingente, das die Briten nach dem Krieg offiziell nach Palästina einwandern ließen.

Die Ansprachen des Komitees waren emotional und wortreich, und obwohl wir, wie die meisten Neuankömmlinge, kaum etwas verstanden, weil alle nur Hebräisch sprachen, applaudierten wir nach jeder Rede aufs Neue und umarmten uns immer wieder gegenseitig vor Glück. Dann bekamen wir Kuchen und leckere Früchte angeboten: Orangen, Bananen, Feigen und eine Sorte, die ich noch nie zuvor gesehen hatte. Ihre runden Früchte haben viele kleine rote schmackhafte Kerne und heißen auf Deutsch Granatäpfel. Man erzählt sich unter Juden bis heute gern, dass jeder einzelne Granatapfel ganz genau 613 Kerne hat, gerade so viele, wie es religiöse Gesetze für uns gibt. Das sollte man auch glauben, denn wer es nicht tut, muss immer wieder nachzählen. So praktisch kann unsere Religion sein.

Zu guter Letzt stimmten wir gemeinsam das Lied der jüdischen Pioniere an: „Anu banu artza [Wir sind ins Land gekommen], livnot [um zu bauen] u'lihibanot ba [und selbst erbaut zu werden]". Hier würden wir jetzt tatsächlich frei unsere gemeinsame Zukunft gestalten, spürte ich langsam, aber sicher, und das ist bis heute etwas unschätzbar Wertvolles für mich geblieben.

Nach der Begrüßung geleitete man uns in das nahe gelegene Auffanglager von Atlit, und mein spontaner Gedanke war: Ein Lager? – Oh nein, bitte nicht schon wieder! Ich musste mir noch öfter klarmachen, dass das hier meine Leute waren, die uns in Empfang nahmen. Denn die Angst hatte mich fast unablässig begleitet, soweit meine Erinnerung zurückreichte. Ich hatte mich immer in Acht nehmen und hüten müssen, gelernt, mich wegzuducken und schwierigen Situationen aus dem Weg zu gehen. Meine Eltern hatten mir zu meinem Schutz so lange die ganzen Nazi-Regeln eingeschärft, bis sie so selbstverständlich für mich geworden waren, dass ich sie wie blind befolgen konnte. Fünf Jahre war ich alt, als die Nürnberger Gesetze veröffentlicht wurden, und es gab, als ich ein kleines Kind war, eine Zeit, in der ich glaubte, dass ein Leben voller Verbote völlig normal sei.

Das Lager in Atlit war zu dieser Zeit nicht geschlossen, wir waren keine Gefangenen, niemand von uns hätte dort bleiben müssen. Die Briten hatten es der Jewish Agency übergangsweise als Notunterkunft für Neuankömmlinge zur Verfügung gestellt. Dort konnten wir in Holzbaracken schlafen, die zwar nicht gerade luxuriös, aber sauber und ordentlich waren. Und meine Eltern waren in der Baracke direkt neben meiner untergebracht. Man erläuterte uns hier alle organisatorischen Fragen auch auf Deutsch, und so erfuhren wir, dass wir solange bleiben konnten, bis wir auf unsere künftigen Wohnorte verteilt werden würden.

Kibbuz Ma'abarot

Gleich am nächsten Morgen wurde ich mit sechs anderen Jugendlichen, mit denen ich schon in der Schweiz zusammen gewesen war, aus der Kinderbaracke hinausgerufen. Uns erwartete ein Mann von imposanter Statur und mit beeindruckend starkem Blick, der sich auf Deutsch vorstellte:

„Ich heiße Tarzan!" Wir lachten alle halb beeindruckt und halb belustigt. „Ich bin gekommen, um euch zu einem Teil der Gruppe zu machen, die wir in meinem Kibbuz in Ma'abarot aufbauen werden." Ich erklärte ihm gleich: „Aber ich bin zusammen mit meinen Eltern da." Darauf entgegnete er, dass er nur unsere Kindergruppe ins Kibbuz mitnehmen könne, da die Jugend-Aliyah unsere Aufnahme dort schon vorab organisiert habe, die meiner Eltern jedoch nicht.

Da lief ich gleich zur Unterkunft meiner Eltern und berichtete ihnen von unserem Problem. Und sie sagten mir, dass ich ruhig erst einmal mitgehen sollte wie geplant, wir würden schon wieder zusammenfinden. Bis heute ist mir nicht klar, wie sie es schafften, all diese schweren Entscheidungen zu treffen – sie waren doch zwei gebrochene Menschen, die fast alles verloren hatten. Aber genau darin hatten sie schon während der ganzen Zeit unseres Überlebens ihre Größe gezeigt: Heldenhaft stellten sie sich jeder neuen Situation, beherrscht und bedacht. Und das Wichtigste, was sie wollten, war mir, ihrem einzigen Kind, ein besseres Leben zu ermöglichen. Der Kibbuz war meine Chance, das hatten sie schon in der Schweiz verstanden.

Einerseits war ich froh, mit den anderen Kindern zusammen zu sein, andererseits hat es mir in dem Moment sehr weh getan, dass wir uns voneinander verabschieden mussten. Ich kann mich nicht erinnern, ob ich geweint habe, aber die letzte Umarmung fiel uns sehr schwer. Denn wir wussten nicht, was danach kommen würde.

Während sie noch darauf warteten, woanders aufgenommen zu werden, fuhr ich mit meiner Gruppe auf der Ladefläche eines Lasters die staubige Fernstraße Richtung Süden. Von Atlit sind es bis nach Ma'abarot rund 40 Kilometer die Küste entlang. Kurz bevor wir ankamen, musste der Fahrer den ächzenden Laster noch ziemlich quälen, da der Kibbuz auf einer Anhöhe liegt, zu der es kurz steil hinaufgeht. An der Einfahrt empfing uns dann völlig unerwartet ein so entsetzlicher Gestank, wie ich ihn noch nie zuvor im Leben riechen musste. Aus Berlin kannte ich, dass man auf den Innenhöfen ein paar Haustiere hielt, und in der Schweiz hatte ich Kühe auf großen grünen Wiesen weiden sehen, doch hier drängte sich eine ganze Herde direkt am Kibbuz auf einer kleinen Koppel. Der Dung dieses Viehs war es, der in der spätsommerlichen Hitze so grauenhaft die

Luft verpestete. Wir kletterten vom Laster herunter und liefen ein Stück weiter den Hügel hinauf zum Gemeinschaftsgebäude und dem Speisesaal. Tarzan fragte so nebenbei alle nach ihren Namen, und ehe wir uns versahen, hatte er sie mit einem Klang nach Diaspora hebräisiert. Weil ich als jiddischen zweiten Vornamen Herschel trug, was Hirsch bedeutet, nannte er mich entsprechend Zvi. Und weil sich der deutsche Familienname Cohn aus dem bekannten alt-hebräischen Cohen entwickelt hatte, verwandelte er ihn einfach wieder zurück. Aus dem Berliner Jungen Horst Cohn ist so der jüdisch-palästinensische Kibbuznik Zvi Cohen geworden. Ein Dreiviertel Jahrhundert ist das nun her, als mein neues Leben begann.

Als ich in Ma'abarot ankam, existierte der Kibbuz seit gerade einmal zwölf Jahren. Seine Gründer hatten zuvor in anderen Kibbuzen gelebt und gearbeitet und sich dort bewähren müssen, bis die Jewish Agency ihnen erlaubte, in Ma'abarot einen eigenen aufzubauen. Daher gab es noch keine Wohnhäuser aus Stein, sondern lediglich ein paar einfache Holzgebäude und für viele nur Zelte zum Wohnen. Und selbst die waren häufig so knapp, dass auch Paare sie sich manchmal mit anderen Personen teilen mussten und wenig Privatsphäre hatten. Im großen Gemeinschaftsgebäude gab es immerhin schon fließendes Wasser für die Küche und Strom, deshalb stand dort auch das bislang einzige Radio. Wir nutzten ein gemeinsames Sanitärgebäude, in dem die Toiletten neben dem großen Duschraum lagen, es war spartanisch wie auf einem Zeltplatz.

Mir hat dieses einfache Leben unheimlich gefallen, denn es war ja unser neuer Anfang, und die Herausforderung lag gerade darin, alles hier gemeinsam zu verbessern. Zudem war ich einiges gewöhnt und hatte im Ghetto schon wesentlich schlechter leben müssen. Im Gegensatz zu manchen anderen Kindern beschwerte ich mich daher nie über den mangelnden Komfort. Hier waren wir echte Pioniere und die Meister unserer Zukunft!

Der unglaubliche Holocaust

Da meine Familie zu den ersten Überlebenden gehörte, die nach dem Ende des Nationalsozialismus aus Europa im Land ankamen, war ich der Erste in meiner Gruppe, der hier von der Verfolgung und Ermordung der Juden berichtete. Aber wie zuvor schon in der Schweiz glaubte mir auch hier fast keiner, weil die Wahrheit vollkommen wahnsinnig war. Ich erinnere mich noch gut daran, wie ich zum ersten Mal genauer berichten wollte, was uns widerfahren war. Schon bald signalisierte ein Gleichaltriger den anderen mit eindeutiger Geste, dass ich jetzt offenbar total übergeschnappt sei. Und selbst ehemalige Deutsche im Kibbuz, die der Hölle gerade so entkommen waren und die Anfänge der Nazi-Herrschaft noch selbst erlebt hatten, konnten zuerst gar nicht begreifen, was ich aus Theresienstadt erzählte. Wie so viele andere habe ich daher bald aufgehört, über meine Erlebnisse zu sprechen. Nur mit meinen Eltern habe ich mich darüber weiter austauschen können. Auch als dann bald durch die Nürnberger Prozesse und die internationale Berichterstattung die deutschen Verbrechen bekannter wurden, fing ich nicht wieder an, davon zu sprechen. Denn es fragte niemand genauer nach, hier hatten alle – auch meine Familie – vor allem die Zukunft der jüdischen Gemeinschaft in Palästina vor Augen. Unsere unfassbar niederschmetternden und erniedrigenden Erfahrungen erschienen demgegenüber wie ein grausamer Albtraum, mit dem sich kaum jemand eingehender beschäftigen wollte.

Ich habe vereinzelt sogar erleben müssen, dass andere Juden uns Überlebende aus Wut oder Angst abschätzig als „Seife" verhöhnt haben. Das war nicht nur bösartig und verletzend, sondern auch falsch. Die Nazis gingen zweifellos mit Häftlingen und auch mit ihren Leichen so grausam und gefühllos um, dass man es bis heute kaum nachvollziehen kann. KZ-Personal ließ sich beispielsweise aus der Haut von Ermordeten manchmal ein Andenken anfertigen. Aber eine Seifenproduktion aus menschlichen Überresten haben die Nazis in den Lagern nicht organisiert. Das ist eine Legende, die wohl aus der tief sitzenden Furcht davor entstand, so völlig verbraucht zu werden.

Meine Gruppe „Blumenknospen"

Wir sieben Neuen im Kibbuz gehörten nun zu einer Gruppe von insgesamt 28 Jugendlichen aus acht verschiedenen europäischen Ländern und wurden die „Nitzanim" genannt, was wörtlich Blumenknospen bedeutet.

Wir waren jeweils zu viert, Mädchen und Jungen gemischt, in sieben Zimmern der gerade erst errichteten Schule untergebracht. Mit uns lebten und lernten noch zwei andere Gruppen mit etwas jüngeren Kindern hier, insgesamt waren wir 72 Schulpflichtige. Eigentlich genügend Kinder, um gute Freunde zu finden, aber wie viele Überlebende hatte ich anfänglich Probleme, auf andere zuzugehen. Unter den brutalen Verhältnissen im Lager hatte ich schließlich kaum jemandem gut trauen können, und durch die Deportationen in Berlin und im Ghetto hatte ich Freunde und Bekannte immer wieder verloren. Dazu kam die Sprachbarriere, nur in Deutsch und Tschechisch hatte ich Übung, aber das sprach hier sonst niemand.

Wir gewöhnten uns trotzdem recht schnell und auch ohne viele Worte aneinander. Wir bekamen ein Gespür dafür, dass die meisten hier eine Menge durchgemacht hatten, ohne die Geschichte jedes Einzelnen genau zu kennen. Wir lernten uns mit der Zeit schon allein durch den ständigen gemeinsamen Alltag und Umgang sehr genau gegenseitig kennen, mehr als man es heute als Jugendlicher üblicherweise gewöhnt ist. Da es nur einen Duschraum gab, duschten wir, Mädchen und Jungs, bis wir 18 Jahre alt waren immer zusammen und entwickelten ein Verhältnis ähnlich wie Geschwister. Deswegen verliebten sich Gruppenmitglieder selten ineinander, sondern bandelten eher mit Jugendlichen aus anderen Gruppen an. Unsere ständige körperliche Nähe war für die erotische Sehnsucht eher ein Hindernis. Und bis auf meinen langjährigen Freund, Dan, habe ich auch keine engen Freundschaften in meiner Gruppe geschlossen. Ich fasste stattdessen mit der Zeit ein tiefes Vertrauen in die Gruppe als Ganzes. Wir verstanden uns immer selbstverständlicher als ein Kollektiv und nicht mehr nur als einzelne Überlebende. Und als wir wie eine Einheit zusammenhielten und uns aufeinander verlassen konnten, waren die Isolation und die Furcht vor der Einsamkeit endlich ganz vorbei, und das gab mir viel Kraft.

Unsere Lehrer und Betreuer waren gebildet und pädagogisch geschult. Aber sie wussten nicht, wie sie jungen Leuten, die den Holocaust erleben mussten, bei Problemen adäquat helfen konnten. Daher fühlten wir uns von ihnen unverstanden, wenn es darum ging, mit unseren furchtbaren Erinnerungen fertig zu werden. Ich hätte mir gewünscht, dass sie sich meine traumatischen Erlebnisse in Ruhe angehört hätten, gerade als mir sonst niemand richtig glauben konnte. Doch damit konnten auch sie nichts anfangen, es gab noch keine Erfahrung damit. Sie behandelten uns meistens einfach wie normale Jungen und Mädchen und vermittelten uns eine optimistische Lebenseinstellung. Wir lernten von ihnen, aufmerksam und verantwortungsbewusst in die gemeinsame Zukunft zu blicken, so wie sie selbst. Es war klar, dass wir hier viel würden leisten müssen, und sie waren daher oft recht hart zu uns. Ich kam damit trotz allem relativ gut zurecht und hatte zu meinem großen Glück meine Eltern als Rückhalt. Dan dagegen erzählte später, dass ihm die Gewöhnung an unser neues Leben als Kibbuzniks anfänglich äußerst schwer gefallen sei.

In der Schule sind unsere fünf Stunden Unterricht am Vormittag zu Beginn ausschließlich dafür verwendet worden, uns richtig Hebräisch beizubringen. Wir sollten jetzt im Alltag auch nichts anderes mehr als Hebräisch sprechen, damit wir ständig übten und schnell lernten. Erst als wir uns alle gut untereinander verständigen konnten, fingen wir mit dem Lesen und Schreiben an. In dieser Phase sollten wir dann keine anderen als hebräische Bücher mehr lesen. Für mich machte der Lehrer dabei aber eine Ausnahme, da ich schnell lernte und so viel nachzuholen hatte. Bis dahin hatte ich ja kaum Gelegenheit dazu, ein Buch in meiner Muttersprache zu lesen. Außerdem war er selbst ursprünglich aus Deutschland nach Palästina gekommen und beherrschte neben Hebräisch und Arabisch natürlich weiterhin Deutsch. In den insgesamt drei Jahren Schule im Kibbuz habe ich dann noch einiges aus allen Bereichen der höheren Schule nachgeholt, aber die Zeit reichte leider nicht, um meine riesigen Lücken zu füllen. Wenn mich heute jemand fragt, welchen Schulabschluss ich habe, antworte ich: Berliner Grundschule. Ich lernte dann hier wie alle Kibbuzniks ständig noch etwas Neues dazu, da sich der Kibbuz im Laufe der Zeit stark veränderte und immer neue Aufgaben auf uns zukamen.

Nach der Schule und dem Mittagessen arbeiteten wir jetzt in der Eingewöhnungszeit drei Stunden bei den Erwachsenen mit. Jeden Abend teilten uns die beiden Arbeitsorganisatoren, eine Frau und ein Mann, für den nächsten Tag einen anderen Platz zu, sodass wir alle Tätigkeiten kennenlernen konnten. So gut wie alles auf den Feldern und in den Ställen musste in Handarbeit erledigt werden, da der Kibbuz noch fast keine Maschinen besaß. Wir haben also selbst gesät und das Unkraut mit Hacken gejätet. Wir haben Orangen gepflückt und Gemüse aus der Erde geholt, je nachdem, was gerade anstand. Wir haben in dieser Anfangsphase auch die schwersten Arbeiten selbst erledigt, denn unser Kibbuz durfte laut den damaligen Statuten unserer sozialistischen Organisation „Hashomer Hatzair"[1] keine zusätzlichen Arbeiter anstellen. Zur Erntezeit haben sich die Kibbuzniks aus nahe gelegenen Siedlungen immerhin gegenseitig ausgeholfen.

An manchen Nachmittagen übten wir außerdem Selbstverteidigung, da das Verhältnis zur arabischen Bevölkerung teilweise angespannt war und wir außerhalb des Kibbuz mit Angriffen rechnen mussten. Weil wir für eine militärische Ausbildung noch etwas zu jung waren, begannen wir mit Übungen im Stockkampf. Der Umgang mit einem langen Stock, das Blocken und das Schlagen, ähnelt ein wenig dem Fechten.

Der Kibbuz hatte zu unseren direkten Nachbarn, arabischen Beduinen, die im nächsten Dorf auf der anderen Seite der Straße lebten, von Anfang an zum Glück ein gutes Verhältnis entwickelt. Seine Bewohner nutzten täglich eine Wasserquelle, die auf unserem Gelände lag. Ich sah gerne zu, wenn die Frauen Wasserkrüge in gerader Haltung und ohne auch nur einen Tropfen zu verschütten auf dem Kopf transportierten. Leute aus dem Dorf kamen ab und zu auch zum gemeinsamen Essen, die etwas Wohlhabenderen unter ihnen liehen unserem Kibbuz Geld, das bei uns damals sehr knapp war. Wir halfen ihnen dann, selbst einen Brunnen zu graben, um ihr Dorf direkt mit Wasser zu versorgen.

Schwerer Start für meine Eltern

Gleich zwei Tage nach meiner Ankunft in Ma'abarot kamen meine Eltern aus Atlit zu Besuch, und am nächsten Tag fuhren wir mit einem Fernbus nach Tel Aviv. Die Stadt liegt 40 Kilometer die Küste hinunter von Ma'abarot entfernt. Zuallererst wollten wir dort Onkel Benno besuchen, Mutters kommunistischen Bruder, der zum Glück schon 1935 nach

1 Hashomer Hazair (wörtlich „Der Wächter") ist eine zionistisch-sozialistische Jugendorganisation, die unmittelbar vor dem Ersten Weltkrieg gegründet worden war und einen Schwerpunkt in Polen hatte.

Zvi Cohen mit seiner Mutter Gertrud und seinem Vater Max in Tel Aviv/Palästina im September 1945

Palästina ausgewandert war und Tante Rosa überredet hatte, ein Jahr später nachzukommen. Wir wussten, dass er im Handwerkerviertel von Tel Aviv lebte, meine Eltern hatten sich in Berlin anfänglich noch mit ihm geschrieben. Mutter hatte seine Adresse auswendig gelernt, und das kam uns jetzt gut zupass. Tel Aviv war noch lange nicht so groß wie heute, und wir fragten uns zu Benno durch. Wir waren überrascht, wie leicht uns das fiel. Im September 1945 war es noch völlig selbstverständlich, sich in Tel Aviv auf Deutsch zu unterhalten. Viele ehemalige Deutsche lebten dort und prägten die Entwicklung der Stadt. Da das volle Ausmaß der deutschen Verbrechen noch nicht bekannt war, hatten sie an ihrer Muttersprache bis jetzt festgehalten. Und selbst diejenigen, die kein Deutsch konnten, benutzten in ihrem beruflichen Metier häufig ganz selbstverständlich deutsche Fachbegriffe, so wie heute jeder auf internationale englische Bezeichnungen zurückgreift.

Als wir bei Benno ankommen, klopfen wir an und warten gespannt, ob er gerade zu Hause ist. Er öffnet die Tür, steht wie angewurzelt auf seiner Schwelle und starrt uns alle mit offenem Mund ungläubig an. Einen kurzen Moment herrscht so etwas wie Totenstille – dann beginnen meine Mutter und ihr Bruder vor Freude und vor Überraschung laut zu schreien und fallen sich um den Hals.

Mein Onkel hatte seit vielen Jahren nichts von uns gehört und wusste nicht einmal, dass wir noch lebten. Und bald kam auch Tante Rosa dazu, die ganz in der Nähe wohnte, und ich kann gar nicht ausdrücken, wie sich Mutter und ihre Geschwister bei diesem Wiedersehen gefühlt haben. Sie haben unzählige Tränen vergossen.

Zwei Wochen später nahm der Kibbuz Sarid relativ weit im Norden bei Nazareth meine Eltern auf. Sie wurden freundlich empfangen und konnten sich dort gut einleben. Aber wir vermissten uns gegenseitig schon bald, da wir uns aufgrund der recht großen Entfernung nur noch selten besuchen konnten. Daher begannen wir zu überlegen, wo wir am besten wieder an einem Platz gemeinsam leben könnten. Mir wäre es am liebsten gewesen, sie wären zu mir gekommen, aber mein Kibbuz nahm nicht so einfach neue Mitglieder auf. Da es meinen Eltern in Sarid sehr gut gefiel, fragten sie in der dortigen Versammlung, ob man mich direkt als neues Mitglied akzeptieren würde. Das war problemlos möglich, und meine Eltern schlugen mir daher vor, zu ihnen zu ziehen.

Doch so sehr ich meine Eltern liebte, hatte ich dabei von Anfang an kein gutes Gefühl. Ich hatte mich an mein neues Leben und meine Gruppe in Ma'abarot schon richtig gewöhnt, manche kannte ich schon seit der Schweiz. Das waren jetzt meine Leute, die endlich nicht mehr verschwanden und auf die ich hundertprozentig zählen konnte. Ich wollte sie nicht wieder verlassen. Aber zugleich wollte ich auch wieder in der Nähe meiner Eltern leben. So nahm ich schweren Herzens Abschied und fuhr wie geplant in den Norden. Die Bewohner von Sarid empfingen mich mit derselben Wärme wie zuvor meine Eltern, aber ich weinte dennoch die ganze Nacht lang, anstatt zu schlafen. Hier gehörte ich einfach nicht hin, und es erschien mir so, als sei ich aus meinem richtigen Leben herausgerissen worden. Deshalb beschloss ich noch in der Nacht, um jeden Preis wieder nach Ma'abarot zurückzukehren.

Ich sprach am Morgen sofort mit meinen Eltern, aber sie konnten mich nicht verstehen und wollten meine Entscheidung nicht akzeptieren. Sie wollten mich natürlich lieber bei sich behalten und meinten, dass ich mich schon wieder neu eingewöhnen und neue Freunde finden würde. Da habe ich mich ihnen zum ersten Mal in meinem Leben widersetzt und bin am nächsten Tag in der Frühe einfach abgehauen. Ich hatte zum Glück noch etwas von dem Geld übrig, das jeder für seinen Start im Land bei der Ankunft bekommen hatte, und nahm den ersten Bus nach Haifa und von dort zurück nach Ma'abarot. Als ich wieder dort ankam, staunten meine Leute nicht schlecht, dass ich so etwas mit meinen 14 Jahren und als Neuankömmling ganz alleine durchgezogen hatte.

Meine Eltern mussten nun einsehen, wie wichtig meine Gruppe und mein Kibbuz für mich geworden waren. Weil sie dennoch näher bei mir sein wollten, zogen sie etwas später nach Tel Aviv zu Benno. Als ehemalige Berliner hofften sie, in der Stadt wieder Arbeit und eine Wohnung zu finden. Aber maßgefertigte Kleidung aus der geübten Hand eines Schneidermeisters war zu jener Zeit überhaupt nicht gefragt. Der Lebensstandard war ziemlich niedrig, Geld für privaten Luxus hatten wenige übrig, und fast alle kauften daher industriell gefertigte Ware von der Stange. Auch Mutters Fähigkeiten als Stenotypistin waren hier ohne gute Hebräischkenntnisse leider nutzlos. Meine Eltern mussten daher ihren Plan wieder aufgeben, sich in Tel Aviv eine neue bürgerliche Existenz aufzubauen. Und so überlegten wir erneut, wie sie doch noch zu mir nach Ma'abarot kommen und dort Kibbuzniks werden konnten. Zum Glück gab es einen Passus in unseren Statuten, der mir als Mitglied die Möglichkeit gab, meine Eltern als neue Mitglieder vorzuschlagen. Das tat ich, und so wurden sie Anfang 1946 wie üblich erst einmal für zwei Jahre zur Probe aufgenommen. Jetzt waren wir endlich wieder zusammen und konnten uns täglich sehen.

Das war etwas ganz Besonderes, denn ich war der Einzige in meiner Gruppe, der noch beide Eltern hatte. Drei oder vier andere hatten immerhin ein Elternteil im Land, die anderen waren Vollwaisen. Und so kamen einige liebend gerne regelmäßig mit, wenn ich die Abende mit meinen Eltern verbrachte. Da ich damit jedoch den Alltag der Gruppe durcheinanderbrachte und manche von ihnen immer wieder schmerzlich an den Verlust ihrer eigenen Eltern erinnert wurden, ermahnten mich die Erzieher, nicht ganz so viel Zeit mit meinen Eltern, sondern mehr mit meiner Gruppe zu verbringen. Ich besuchte meine Eltern daher nicht mehr täglich und war bei meinen Besuchen dann häufiger allein mit ihnen. Ihre Nähe habe ich aber weiterhin gebraucht, denn obwohl ich mich immer eigenständiger entwickelte, liebte ich meine Eltern und konnte weiterhin nur mit ihnen über unsere Vergangenheit sprechen. Sie ließ uns drei nicht los und verband uns fest miteinander. Solange niemand die Erinnerung daran hören wollte, gehörte sie nur uns allein und war wie unser Privatbesitz. Niemand hat das wirklich verstanden.

Nach der Probezeit wurden meine Eltern als Mitglieder akzeptiert, aber sie hatten es in Ma'abarot nicht leicht. Seine erwachsenen Mitglieder waren zum größten Teil in ihrem Alter und hatten den Kibbuz gegründet und aufgebaut, als wir noch gar nicht hier waren. Das hielten die „Alteingesessenen" meinen Eltern mehr oder weniger offen vor, die sich aus ihrer Sicht in ein gemachtes Nest setzten. Was meine Eltern in der gleichen Zeit durchgemacht hatten, spielte keine Rolle.

Mein Vater konnte sich allmählich mit der neuen Situation und der anfänglichen Ablehnung arrangieren. Er lernte ziemlich schnell Hebräisch, integrierte sich hervorragend, liebte Gesellschaft und war beliebt für seine scharfzüngigen Witze. Vater war zudem bei allem, was er anpackte, begabt. Er arbeitete viele Jahre lang im Obsthain. Später war er für die Arbeitseinteilung zuständig, bis er schließlich nach vielen Jahren wieder die Gelegenheit bekam, seine Ausbildung und Erfahrung als Schneidermeister einzusetzen. Der Kibbuz fertigte zwischenzeitlich seine Textilien selbst, und Vater kaufte dafür geeignete Stoffe und entwarf praktische und zugleich schöne Schnitte. Das brachte ihm einige Anerkennung ein.

Meine Mutter ist leider nie wirklich im Kibbuz angekommen. Sie hatte Schwierigkeiten, sich mit dem Landleben abzufinden, und vermisste die Möglichkeiten der Großstadt. Ihre direkte und belehrende Art, Kritik zu äußern, kam hier gar nicht gut an, auch wenn sie berechtigt war. Sie hat

Zvi Cohen spielt Trompete beim Morgenappell
vor der Schule im Kibbuz Ma'abarot, 1947

stets jedem ihre Meinung gesagt – sie hatte eine richtige Berliner Schnauze. Leider wurde zudem bei einer Operation hier im Land ein wichtiger Nerv in ihrem Ohr durchtrennt, sodass sie nur noch sehr schlecht hörte und dadurch Probleme hatte, die neue Sprache wirklich gut zu lernen. Das hat ihre Kommunikation mit anderen erheblich erschwert. Bald hatte sie nur noch zwei Freundinnen, die auch Deutsch mit ihr sprachen. Unsere Muttersprache wollten hier selbst diejenigen, die sie perfekt beherrschten, lieber vergessen, als sie genauer wussten, was die Deutschen getan hatten.

Für mich war die offizielle Eingewöhnungsphase im Kibbuz nun vorbei, und ich übernahm nach der Schule für drei Stunden eine feste

Aufgabe wie die Erwachsenen. Wir durften uns den Arbeitsplatz jetzt aussuchen, mussten aber wie alle nach drei Monaten immer wieder wechseln. Ich übernahm als Erstes eine Schicht als Kuhhirte und melkte jeden Nachmittag acht Kühe mit meinen eigenen Händen. An ihren Gestank hatte ich mich mittlerweile gewöhnt, aber das Melken war eine anstrengende Arbeit, die meine Unterarme ziemlich beanspruchte. Später war ich wie viele Männer oft auf dem Feld oder im Orangenhain. Draußen in der Natur zu arbeiten hat mir gut gefallen, aber jeder musste immer wieder auch ein Vierteljahr lang Küchendienst übernehmen, weil darauf die wenigsten Lust hatten.

Da bestimmte körperliche Arbeiten auf dem Feld zu schwer für Frauen waren, übernahmen sie eher die Kinderbetreuung und häufiger als Männer die Küchenarbeit. Sie hatten also bei der Arbeit weniger Auswahl, obwohl wir als Sozialisten eigentlich Gleichberechtigung anstrebten.

Suche nach überlebenden Verwandten

Nachdem sich meine Eltern im Kibbuz etwas eingelebt hatten, beschäftigte sie erneut die bange Frage, ob andere Verwandte und Freunde vielleicht noch am Leben waren. Und weil das vielen Überlebenden hier so ging, hatte die Jewish Agency Zweigstellen in vielen Städten hier und im Ausland eröffnet, in die Juden nach dem Krieg verschlagen worden waren. Sie sammelte dort Zeugenberichte der Überlebenden und hängte Meldetafeln mit vor Ort relevanten Ergebnissen ihrer Recherchen auf. Alle, die mit jemandem in einem Lager gewesen waren, der dort gestorben oder weiterdeportiert worden war, konnten das in ihren Büros zu Protokoll geben, die Berichte wurden dann letztlich in den USA gesammelt und verwaltet. Meine Eltern schrieben wiederholt an die entsprechenden Stellen und erkundigten sich vor allem nach dem Verbleib der Verwandten meines Vaters, die in Berlin spurlos verschwunden waren. Wir warteten dann gespannt auf den Antwortbrief und hofften auf gute Nachricht oder wenigstens Gewissheit. Doch die internationale Post funktionierte nur langsam, sodass jede Sendung allein schon viele Wochen in eine Richtung unterwegs war. Und als dann nach Monaten endlich Antwort kam, erfuhren wir nur, dass auch der Suchdienst keine Informationen hatte. Bei jeder erneuten Anfrage ging die nervtötende und schließlich enttäuschende Warterei wieder von vorne los.

In Israel liefen Nachforschungen später auch direkter über das „Magazin zur Suche von Verwandten“ im Radiosender „Kol Israel“ – auf Deutsch „Die Stimme Israels“. Dort wurde regelmäßig verlesen, wer wen suchte, oder wer seine vermissten Verwandten auf seinen eigenen Verbleib aufmerksam machen wollte. Jemand von uns saß regelmäßig da und lauschte. Doch auch so haben wir nichts über Vaters Verwandte erfahren können. Erst nachdem meine Eltern schon gestorben waren, habe ich aus dem „Berliner Gedenkbuch für die jüdischen Opfer des Nationalsozialismus“ erfahren, dass außer Papas Schwester Lotte und ihrer Familie alle Angehörigen in Auschwitz ermordet worden sind.

Mein Bruder Abi

Schon als kleiner Junge in Berlin hatte ich mir häufig ein Brüderchen oder ein Schwesterchen gewünscht, mit dem ich hätte spielen können. Mutter entgegnete mir dann immer, dass sie unter Hitler ganz sicher kein weiteres Kind mehr auf die Welt bringen wolle. Erst wenn wir die Nazis und den Krieg heil überstanden hätten, wäre die richtige Zeit für ein Geschwisterchen – mein Vater war da völlig ihrer Meinung. Aber darauf habe ich beide dann mit der Zeit festgenagelt und ihnen das Versprechen abgerungen, noch für ein weiteres Kind zu sorgen, wenn wir wieder in Sicherheit waren. Jetzt war der Augenblick gekommen, um meine Eltern an dieses Versprechen zu erinnern, und ich tat es nachdrücklich. Bald darauf ist meine Mutter tatsächlich noch einmal schwanger geworden.

Am 25. Juni 1947 kam unsere Betreuerin mitten in den Unterricht der Nitzanim hereingeplatzt: „Zvi Cohen, du hast einen kleinen Bruder bekommen!“ Was sich da im Klassenzimmer abspielte! Alle begannen zu singen und zu tanzen. Meine Gruppe war völlig aufgewühlt, da wir uns alle eng miteinander und auch mit meinen Eltern verbunden fühlten und kaum jemand von uns sonst noch Geschwister bekam. Bei der hellen Aufregung war ans Lernen gar nicht mehr zu denken, und unser strenger

Lehrer erklärte doch tatsächlich kurzerhand den Unterricht für beendet. Wir bekamen für diesen Tag schulfrei und sprangen wie angestochen aus dem Klassenzimmer und feierten draußen weiter.

Zur Feier des Tages pfropfte mein Vater bei seiner Arbeit im Orangenhain einem Bitterorangenbaum vier unterschiedliche Zitrusfruchtsorten auf: Zitrone, Orange, Pomelo und Grapefruit. Dieser Baum bekam wie mein kleiner Bruder den Namen Abi und gab tatsächlich vier verschiedene Früchte. Wir lebten von nun an zu viert mit einem hellhäutigen und helläugigen kleinen „Sabra"[2], einem im Land Geborenen, der nichts von den Nazis, dem Ghetto oder der Schoah hatte erleben müssen.

Als er heranwuchs, spürte ich mehr als einmal, wie sehr sich daher die ganze Lebenseinstellung meines Bruders von meiner eigenen unterschied. Und er selbst erzählt heute, dass es ihm früher zeitweilig schwer zu schaffen gemacht hatte, dass er sich in unserer Familie aufgrund der Vergangenheit oft ausgeschlossen fühlte. Er konnte da noch nicht begreifen, warum wir drei immer wieder, und das auch noch in der für ihn fremden Sprache Deutsch, über die entsetzliche Nazi-Zeit sprachen.

Heute haben wir beide längst selbst große Familien gegründet – er hat fünf erwachsene Kinder und ich vier. Er bekommt von ihnen noch immer neue Enkelkinder dazu, und ich freue mich schon auf die ersten Urenkel. Zweifellos ist das unser bedeutendster Sieg über die Nazis. In Erinnerung an die Sprache seiner alten Familie bringt Abi allen seinen Kindern und Enkeln ganz genau bei, wie man das eine Wort ordentlich ausspricht, das er persönlich für ganz besonders schön deutsch hält: „Zahnstocher".

Immer wieder Gewalt

Wir kamen in einer turbulenten Zeit nach Palästina. In den Jahren und Jahrzehnten zuvor hatten die Spannungen zwischen Arabern und Juden zugenommen. Die britische Besatzungsmacht hatte zusehends Schwierigkeiten, die öffentliche Ordnung aufrechtzuerhalten, und geriet selbst ins Visier.

2 Als „Sabra" bezeichnet man in Palästina bzw. später in Israel geborene Juden.

Während des Ersten Weltkrieges hatten die Briten die Kontrolle über die Region Palästina erlangt, die bis dahin zum Osmanischen Reich gehörte, das nun jedoch endgültig zusammengebrochen war. Der Völkerbund übergab den Briten daher 1922 das offizielle Mandat zur Verwaltung Palästinas. Das in großen Teilen ziemlich unwirtliche Gebiet war zu dieser Zeit dünn besiedelt, etwas mehr als eine halbe Million Menschen lebten dort. Die meisten von ihnen waren Araber, vor allem Muslime, aber auch einige Christen. Etwas mehr als ein Zehntel der Bevölkerung waren Juden, die über die letzten Jahrhunderte vor allem aus religiösen Gründen in kleinen Gruppen eingewandert waren und sich in der Nähe der vielen heiligen Stätten angesiedelt hatten. Als der Antisemitismus gegen Ende des 19. Jahrhunderts in Europa immer aggressiver wurde, machten sich mehr und mehr Juden aus politischen Gründen nach Palästina auf. Sie begannen, die jüdische Gemeinschaft dort besser zu organisieren, und hofften, dort im Sinne des Zionismus einen eigenen jüdischen Staat gründen zu können. Wie die religiösen Zuwanderer vor ihnen nannten auch sie die Region „Eretz Israel", das gelobte Land.

Das Völkerbund-Mandat der Briten umfasste zum einen den Auftrag, eine jüdische Staatsgründung zu ermöglichen und dafür mit der Jewish Agency als Vertretung der jüdischen Palästinenser zusammenzuarbeiten. Zum anderen sollten die Briten aber natürlich auch Rücksicht auf die Interessen der arabischen Bevölkerungsmehrheit in dem Gebiet nehmen. Die Interessen beider Seiten in Palästina miteinander zu vereinbaren war von Anfang an jedoch äußerst schwierig. Die lokalen arabischen Anführer wollten den Juden nicht mehr Freiheiten zugestehen, als sie bislang in islamisch geprägten Ländern bekommen konnten. Die Herrscher dort tolerierten sie bestenfalls als Schutzbefohlene und Abhängige unter islamischer Vorherrschaft. Die palästinensischen Araber forderten außerdem ihrerseits einen von den Briten unabhängigen Staat und fanden in der arabischen Welt dafür breite Unterstützung.

Die Zahl der jüdischen Einwanderer aus Europa im Mandatsgebiet stieg kontinuierlich an, und die Juden begannen, die Region durch neue Siedlungen und neue Infrastruktur sichtlich zu verändern. Die Araber reagierten darauf immer ablehnender und nach einer Weile sogar mit spontanen Pogromen und Massakern. Sie hatten trotz britischer Kontrolle wenig Schwierigkeiten, sich Waffen zu besorgen. Da die britischen Kräfte ihre Angriffe oft nicht verhindern konnten, gründeten die Juden als paramilitärische Miliz die Haganah, hebräisch für „Verteidigung".

Die Haganah wuchs mit der Zeit immer weiter und organisierte seit den 1930er-Jahren einen Großteil der Juden im wehrfähigen Alter in Palästina. Die Briten tolerierten den jüdischen Selbstschutz, obwohl sie den Juden genauso wie den Arabern offiziell natürlich keine eigene militärische Organisation und Bewaffnung zugestanden hatten. Die Haganah kooperierte teilweise eng mit der Mandatsmacht, die beäugte ihre Aktivitäten jedoch immer kritisch; sie blieb eine irreguläre Untergrundarmee.

Weil die Briten keinen arabischen Staat auf ihrem Mandatsgebiet ermöglichen wollten, begann 1936 ein arabischer Aufstand, dessen Ausmaß über den bis dahin sporadischen Terror weit hinausging. Die Überfälle von arabischen Guerilla-Einheiten auf jüdische Bezirke und Siedlungen waren nun gut organisiert, und ihr Anführer Mohammed Amin al-Husseini[3] rief zeitgleich einen arabischen Generalstreik für ganz Palästina aus, an dem sich ein großer Teil der arabischen Bevölkerung ein halbes Jahr lang beteiligte. Während die Briten den Aufstand bekämpften, verschafften sie sich einen genaueren Überblick über die aktuellen Kräfteverhältnisse und legten 1937 zum ersten Mal einen Plan zur Teilung des Mandatsgebietes in einen arabischen und jüdischen Teil vor. Sie sahen angesichts der andauernden Gewalt keine Chance mehr, im Sinne ihres Völkerbund-Mandats arabische und jüdische Interessen in der Region Palästina zu vereinen. Die jüdische Führung akzeptierte den Plan zähneknirschend, da ihr Anteil entsprechend den damaligen Bevölkerungsverhältnissen relativ klein war. Die Führer des gesamten arabischen Raumes jedoch lehnten einen jüdischen Staat fast ausnahmslos und prinzipiell ab. Eine zunehmende Zahl von hiesigen Aufständischen und Freiwilligen aus angrenzenden Staaten kämpfte unter Al-Husseini

3 Al-Husseini (1895–1974) wurde 1921 Großmufti von Jerusalem und führte seitdem den arabischen Widerstand in Palästina gegen die wachsende jüdische Bevölkerung an. Während des Zweiten Weltkrieges half er den Nazis, Muslime für die Waffen-SS zu rekrutieren und erhoffte sich im Gegenzug von ihnen Unterstützung für die arabischen Unabhängigkeitskämpfe.

weiter, ihr erklärtes Ziel blieb ein rein arabisch regierter Staat im gesamten Mandatsgebiet.

Die Briten konnten Palästina erst 1939 wieder vollständig unter ihre Kontrolle bringen, indem sie ihre Truppen massiv verstärkten. Angesichts des beginnenden Zweiten Weltkrieges wollten sie nach der Niederschlagung des Aufstandes unbedingt verhindern, dass die Araber erneut zu den Waffen griffen oder sich sogar mit den Nazis verbündeten. Denn deren Anführer wie al-Husseini bemühten sich seit der „Machtergreifung" Hitlers immer wieder um eine solche Zusammenarbeit, die die schwierige militärische Lage, in der sich die Briten zu dieser Zeit befanden, weiter verkompliziert hätte.

Widerstand gegen die Briten

Die Briten propagierten deswegen einen gemeinsamen arabisch-jüdischen Staat mit arabischer Mehrheit als neue politische Lösung und verwarfen in ihrem sogenannten Weißbuch von 1939 die ursprüngliche Idee einer Teilung und einer eigenen jüdischen Staatsgründung. Sie versprachen den Arabern darin, dass der Anteil der jüdischen Bevölkerung in Palästina ein Drittel niemals übersteigen werde. Deswegen beschränkten sie die jüdische Zuwanderung rigoros auf 10 000 Visa pro Jahr und kontrollierten den Landverkauf. Dagegen gab es enormen jüdischen Protest und große Demonstrationen. Das Verhältnis der Juden zu den Briten entwickelte sich von nun an extrem widersprüchlich. Zum einen kämpften die Briten in Europa und Nordafrika an vorderster Front gegen unsere faschistischen Feinde, die Achsenmächte Deutschland und Italien. Zum anderen standen sie aber gerade jetzt dem Aufbau eines für Juden offenen und sicheren Staates im Weg, während die Nazis das Ende des europäischen Judentums besiegelten. Als die Briten ein gemischtes palästinensisches Regiment zu ihrer Unterstützung im Zweiten Weltkrieg gründeten, meldeten sich trotzdem vor allem Juden und nur wenige Araber dafür freiwillig.

Nach Kriegsende begann sich der Konflikt sowohl mit den Briten als auch mit den Arabern erneut zuzuspitzen, weil infolge des Holocaust so viele überlebende Juden nach Palästina kamen wie nie zuvor. Da die Briten den meisten Einwanderern keine Visa gewährten, versuchten es viele illegal. Eine gute Möglichkeit dafür boten Schiffe, die im Schutz der Dunkelheit so weit an die sanften Küstenstreifen heranfuhren, dass ihre Passagiere von kleinen Booten an den Strand geholt werden konnten. An solchen Aktionen war ich nicht selbst beteiligt, aber da wir nicht weit von einem langen Sandstrand leben, haben Leute aus meinem Kibbuz selbstverständlich geholfen. Sie tauschten mit den glücklich Gelandeten die Kleidung, damit die Briten sie nicht von den Einheimischen unterscheiden konnten, und verteilten sie dann umgehend im ganzen Land auf alle möglichen Siedlungen.

Innerhalb der Haganah hatte sich während des Zweiten Weltkrieges eine Elite-Einheit formiert, die in einer von den Briten eigens gegründeten jüdischen Brigade an der Seite der Alliierten gegen die Faschisten gekämpft hatte. Sie hieß Palmach, und von ihren paar Tausend Mitgliedern hatten daher ein Teil schon praktische militärische Erfahrung sammeln können. Die Kommandeure des Palmach[4] beschlossen nach dem Ende des Weltkrieges im Gegensatz zur offiziell weiterhin kooperativen Haltung der Jewish Agency und der Haganah, die restriktive Einwanderungspolitik der Briten nicht hinzunehmen. In einer nächtlichen Kommandoaktion befreiten sie über 200 Internierte aus dem Lager Atlit, das die Briten inzwischen zur übergangsweisen Inhaftierung illegal Eingewanderter nutzten. Von den Befreiten waren etliche wie meine Eltern und ich nur knapp dem Holocaust entronnen.

Der Palmach war auch direkt an der Organisation der illegalen Einwanderung beteiligt und sabotierte dafür mehrfach die beiden Radarstationen im Karmel-Gebirge und in Givat Olga. Denn mit ihrem Radar konnten die Briten Schiffe mit unseren Leuten schon auf See ausfindig machen und zum Umkehren zwingen.

Der Hügel Givat Olga liegt ganz bei uns in der Nähe am Meer, und Leute von uns waren an der Sabotage dort beteiligt. Nach einem dieser Angriffe haben die Briten im Jahr 1946 jedes Gebäude und jedes Zelt im Kibbuz Ma'abarot nach illegalen Waffen und Neuankömmlingen

4 Akronym für hebr. „Einsatzgruppen".

durchsucht und dabei alles auf den Kopf gestellt. Sie konnten zu ihrem Verdruss aber rein gar nichts finden und verhafteten dennoch 50 Leute mit der Begründung, dass sich Neuankömmlinge häufig als Alteingesessene ausgeben würden. Diese Massenverhaftung war ein Schock für den ganzen Kibbuz, unter den Gefangenen war auch mein späterer Schwiegervater.

Die Briten ließen die meisten dann zum Glück bald wieder laufen. Aber eine Handvoll saß bis zu einem halben Jahr in Untersuchungshaft, weil sie verdächtigt wurden, an gewaltsamen Aktionen gegen die Briten beteiligt gewesen zu sein. Letztlich konnten die Briten jedoch niemandem etwas nachweisen.

Selbstverteidigung mit deutschen Waffen

Weil wir den oft feindlich gesinnten Arabern zahlenmäßig unterlegen waren, mussten alle einigermaßen Erwachsenen kämpfen können, auch die Frauen. Die Ausbildung meiner Gruppe an Schusswaffen begann 1947, als ich gerade einmal 16 Jahre alt war. Jeder von uns schwor zu Beginn feierlich, für das Überleben der jüdischen Gemeinschaft zu kämpfen und hielt dabei in der einen Hand eine Sten, die beliebte leichte britische Maschinenpistole, und legte die andere zum Schwur auf den Tanach, die hebräische Bibel.

Drei Kämpfer des Palmach brachten uns dann nachmittags regelmäßig bei, mit leichten Schusswaffen umzugehen. So oder ähnlich improvisierten Mitglieder des Palmach an vielen Orten in Palästina die militärische Ausbildung junger Juden, wir durften ja noch keine richtige Armee aufstellen. Unsere Gruppe konnte sich glücklich schätzen, dass uns erprobte Kämpfer anleiteten. Die drei Ausbilder waren nur vier bis fünf Jahre älter als ich, wir haben eine Menge von ihnen gelernt und sie auch persönlich sehr bewundert.

Unser Training bestand fast nur aus Trockenübungen, die im Freien stattfanden. Gerade anfangs durften wir ohnehin noch keine Munition verwenden, und auch später haben wir selten zum Üben scharf geschossen. Wir hatten ziemlich kleine Munitionsvorräte, und ein richtiger

Schießstand wäre den Briten durch den dauernden Krach sofort aufgefallen. Genau um solche paramilitärischen Aktivitäten zu verhindern, kamen sie immer wieder unangekündigt mit kleinen berittenen Inspektionsteams in jüdische und arabische Siedlungen.

Gerade als wir einmal mit Gewehren im Freien trainierten, ritt ein solcher Trupp plötzlich an uns heran. Begleitet von seinen arabischen und jüdischen Untergebenen, hatte sich der verantwortliche britische Sergeant aus einer schlecht einsehbaren Richtung genähert, und wir bemerkten ihn daher erst, als es schon zu spät war, um unsere Gewehre noch zu verstecken. Ich bekam einen ordentlichen Schreck, da ich mit unserer sofortigen Verhaftung rechnete. Die arabischen Uniformierten deuteten sogleich auf uns und die Gewehre und riefen: „Sergeant, Sergeant, schauen Sie hier!“ Doch der befehlshabende Brite wandte seinen Blick bewusst in eine andere Richtung und ignorierte genauso wie seine jüdischen Begleiter unser verbotenes Treiben. Er sah offenbar keine ernste Gefahr in uns oder wollte keine Scherereien – wir hatten jedenfalls richtig Dusel gehabt.

Unsere Waffen bekamen wir von der Haganah, die lange Zeit jedoch große Schwierigkeiten hatte, überhaupt an ausreichende Mengen zu gelangen. Zum Glück fand sie in der wieder vereinten Tschechoslowakei einen verlässlichen Lieferanten. Der Staat gehörte jetzt zum politischen Einflussgebiet der Sowjetunion, die ihm zum Glück gestattete, uns die Waffen zu verkaufen. Und die Tschechoslowaken hatten so manches übrig, das sie uns liefern konnten, da sie nach dem fluchtartigen Rückzug der Wehrmacht deren Bestände erbeutet hatten. Wir übten daher häufig mit deutschen Gewehren. Wenn ich den Hebel der einfachen Karabiner anhob, konnte ich darunter manchmal sogar noch einen Reichsadler mit Hakenkreuz sehen. Persönlich besaß ich eine Parabellum-Pistole, die bei der Wehrmacht noch „Luger“ geheißen hatte.

Da die wenigen von den Briten zugelassenen Gewehre zu unserer Verteidigung niemals ausgereicht hätten, rüsteten wir wie alle Kibbuzniks illegal auf. Bei uns gab es neben den drei erlaubten Gewehren etwa zehn Mal so viele illegale Gewehre oder leichte Maschinenpistolen, deren Versteck aber geheim und nur ganz wenigen bekannt war.

Unabhängigkeitskrieg

Der Kampf mit den Briten um die Einwanderung war in den ersten beiden Jahren nach Ende des Weltkrieges und seit meiner Ankunft zuerst einmal die politische Hauptsorge. Umso mehr Juden in dieser äußerst schwierigen Zeit dennoch illegal einwanderten und umso besser wir uns organisierten, desto aggressiver bekämpften uns zugleich die arabischen Milizen. Die arabischen Anführer wollten eine eigenständige jüdische Gemeinschaft in Palästina auf keinen Fall dulden. Daher wurde besonders das Reisen im Land für uns immer gefährlicher, denn alle Fernstraßen führten natürlich immer durch die alten arabischen Dörfer. Dort flogen immer öfter spontan Steine auf unsere Busse, und auch die gut vorbereiteten Attacken nahmen wieder zu. Die Angreifer verbarrikadierten dann beispielsweise eine Fernstraße komplett und beschossen aufgehaltene Busse aus dem Hinterhalt. Deshalb fuhren nun in jedem Bus zwei bewaffnete Mitglieder der Haganah mit.

Da es unterdessen auch wieder zu Angriffen auf jüdische Siedlungen gekommen war, stationierten wir regelmäßig Wachen. Unser Wasserturm auf der Anhöhe bot eine gute Sicht auf das Umland. Diesen Turm nutzten wir schon eine Weile zur Kommunikation mit unseren Nachbar-Kibbuzen, um mithilfe von Flaggen oder Lichtern Morsezeichen zu senden. So konnten wir uns gegenseitig auf die Ankunft englischer Inspekteure oder illegaler Flüchtlingsschiffe hinweisen, obwohl die Briten unsere Telefone routinemäßig abhörten. Und so konnten wir uns jetzt auch über Feindbewegungen informieren.

Als die britische Mandatsmacht keine Chance mehr sah, den Konflikt zu befrieden und ihr Mandat zu erfüllen, beschloss sie im Februar 1947, das ganze „Palästinaproblem" den Vereinten Nationen vorzulegen. Die Gremien der UN arbeiteten einen Plan zur friedlichen und kooperativen Teilung des Landes in einen arabischen und jüdischen Teil aus.

Da war sie endlich, unsere Chance, den zionistischen Traum von „Eretz Israel" tatsächlich zu verwirklichen! Am 29. November 1947 lag dieser Teilungsplan der UN-Vollversammlung zur Abstimmung vor, wir konnten uns der Unterstützung durch eine Staatenmehrheit allerdings nicht sicher sein. Wir saßen allesamt gebannt vor unserem Radio im

Speisesaal und lauschten dem Live-Bericht von der Auszählung der Vereinten Nationen. Die arabischen Staaten lehnten den Plan erwartungsgemäß ab. Die Briten waren frustriert und enthielten sich ebenso wie ein paar andere Staaten. Wir zählten jedes einzelne Votum vor dem Radio mit und bekamen letztlich die Stimmen der anderen Alliierten USA, UdSSR und Frankreich und viele weitere. Als wir merkten, dass wir die erforderliche Mehrheit auf unserer Seite hatten, sprangen viele auf, weinten oder begannen zu tanzen. Die nächsten Tage wurde in Ma'abarot so wie im ganzen jüdisch besiedelten Land so ausgiebig gefeiert wie noch nie. Der Weg zur offiziellen Staatsgründung war frei, und im kommenden Mai lief das britische Mandat endlich aus!

Der Anführer des großen arabischen Aufstandes in den dreißiger Jahren, Amin al-Husseini, war inzwischen diskreditiert, auch weil seine engen Kontakte zu führenden Nazis bekannt geworden waren. Er unterstützte von Ägypten aus die Gründung einer irregulären „Armee für den heiligen Krieg", die bis zu 10 000 Soldaten zählte. Sie begann jetzt, die Stadt Jerusalem zu belagern und zu isolieren, um sie später zu erobern. Ihre Soldaten waren in arabischen Siedlungen in der Nähe Jerusalems stationiert. Sie kontrollierten die entscheidende Straße zwischen Tel Aviv und Jerusalem und andere Zufahrtswege und beschossen jeden jüdischen Konvoi.

Die arabische Liga, zu der damals Ägypten, Irak, Jordanien, Libanon, Saudi-Arabien und Syrien gehörten, begann ihrerseits, Freiwillige zu sammeln, um eine offizielle arabische Befreiungsarmee zu gründen. Das Symbol dieser Armee war ein Davidstern, in dessen Mitte ein gebogener Dolch steckt, und ihr Ziel war dementsprechend, einfach alle Juden in Palästina zu töten oder wenigstens zu vertreiben. Als Kommandeur setzte die arabische Liga Fausi al-Kawukdschi[5] ein, der während des Zweiten Weltkrieges in Deutschland gelebt und für die Wehrmacht als arabischer Verbindungsmann gearbeitet hatte. Seine Armee operierte im Norden und drang im März 1948 auf palästinensisches Gebiet vor. Die Briten,

5 Fausi al-Kawukdschi (1890–1977) stammte aus Tripoli im damaligen Osmanischen Reich. Er kämpfte in der osmanischen Armee im Ersten Weltkrieg an der Seite der Deutschen gegen die Briten. Später führte er zuerst irreguläre syrische Aufständische an und beteiligte sich dann an der arabischen Revolte in Palästina Ende der 1930er-Jahre, wobei er immer wieder in Konkurrenz zum damals führenden al-Husseini trat.

Zvi Cohen
im Kibbuz Ma'abarot, 1948

deren Mandat zwar noch bis Mai galt, die aber schon auf Rückzug eingestellt waren, setzten ihm wenig entgegen.

Im April griff seine arabische Befreiungsarmee den strategisch entscheidend gelegenen Kibbuz Mishmar HaEmek an. Auf seinem Gelände befand sich ein Ausbildungscamp des Palmach, in dem zur Zeit des Angriffs gerade sechs meiner Kibbuz-Genossen trainierten, mit denen ich sonst zusammen zur Schule ging. Unsere Kämpfer vor Ort konnten mit etwas britischer Unterstützung die Angreifer abwehren und in den darauffolgenden Tagen die verbliebenen Truppenteile Kawukdschis aus den arabischen Dörfern, in denen sie sich verschanzen wollten, herausdrängen. Der Krieg um das Mandatsgebiet hatte mit diesem und anderen Gefechten im Grunde schon begonnen.

Am 14. Mai 1948, dem letzten Tag des britischen Mandats, verkündete David Ben Gurion wie geplant offiziell die Gründung Israels und las eine halbe Stunde lang während der allerersten Sendung unseres Radiosenders „Kol Israel" unsere Gründungsurkunde vor, die israelische Unabhängigkeitserklärung. Dieses Mal hatten wir danach aber keine Ruhe mehr, um gebührend zu feiern. Wir wussten, dass sich die meisten unserer arabischen Nachbarstaaten auf einen gemeinsamen Großangriff vorbereitet hatten, und sie erklärten uns tatsächlich direkt im Anschluss offiziell den Krieg.

Ende Mai rückte die irakische Armee in unserer Gegend vor, um Israel und unsere Truppen in zwei Teile zu spalten, sodass die Armeen der anderen angreifenden arabischen Staaten die beiden Teile getrennt und damit leichter erobern konnten. Das Ziel der Iraker war, die Stadt Netanya an der Küste einzunehmen, die direkt unterhalb von Ma'abarot liegt. Sie rückten daher zuerst in verbündete Dörfer ein, die auf israelischer Seite nahe der Grenze lagen, und versuchten, von dort aus die jüdischen Ortschaften zu erobern. Wir mussten sie aufhalten, und ich wurde im Kibbuz HaMa'apil zu dessen Verteidigung stationiert. Die Iraker beschossen diesen Kibbuz schon seit einigen Tagen mit Artillerie, und wir begannen jetzt unsererseits, ihre strategisch günstig gelegene Stellung in der erhöht gelegenen arabischen Siedlung Qaqun mit Geschützen und Mörsern anzugreifen.

Unsere Kommandeure befürchteten derweil einen Bodenangriff der Iraker und schickten daher immer wieder kleine Spähtrupps in alle Richtungen los, aus denen die Iraker hätten anrücken können. Bei einem von ihnen war ich dabei und hielt mich dabei an einen erfahrenen Palmach-Kämpfer. Denn ich war gerade erst 17 Jahre alt geworden und hatte bis auf die Ausbildung an den Gewehren wenig Ahnung. Daher weiß ich auch nicht mehr, wie ich dann letztlich zwischen die Fronten geriet. Ich fand mich nämlich plötzlich in einer ganz unangenehmen Situation wieder. Auf den gegenüberliegenden Seiten eines Kornfeldes lagen sich unser Spähtrupp und einer der Iraker gegenüber. Beide hatten bei Sichtkontakt sofort Deckung gesucht und begonnen, aufeinander zu schießen. Ich lag leider zu weit vorne im Feld und hatte die Verbindung zu meinen Leuten verloren. Bevor ich mitkämpfen konnte, musste ich also erst einmal zurück. Aber als ich auf meine Leute zurobbte, begannen einige, auf die dadurch schwankenden Ähren im Feld zu schießen! Meine Leute hielten mich für einen heranschleichenden Feind, weil sie im Eifer des Gefechts noch gar nicht bemerkt hatten, dass ich fehlte. In meiner Not fiel mir zum Glück ein, laut den Namen meiner Organisation „Hashomer Hatzair" zu rufen. Die kannte ganz bestimmt kein irakischer Soldat, und als meine

Kameraden das hörten, erkannten sie mich als einen von ihnen und ließen mich heran. Wir kamen alle unversehrt zurück.

Anfang Juni griffen unsere Einheiten dann selbst Qaqun an und schlugen die Iraker unter starken eigenen Verlusten zurück, bei diesem Gefecht war ich jedoch nicht dabei. Nach unserem Sieg im Unabhängigkeitskrieg bin ich dann wie fast alle wehrfähigen Israelis in unsere Armee „Tsahal"[6] eingetreten, die sich aus den Strukturen der Haganah entwickelte. Das Gefühl eines Schoah-Überlebenden und Diasporajuden, der plötzlich die Uniform der eigenen Armee tragen darf, lässt sich schwer beschreiben. Ein Jude – vormals unterdrückt und verfolgt – war plötzlich ein Soldat für die eigene Sache! Wir waren jetzt keine Gejagten mehr, sondern verteidigten stolz und siegessicher unseren Staat und das jüdische Volk. Ich hatte das große Los gezogen und erhielt jetzt eine komplette militärische Ausbildung, die ich zusätzlich zu meinem weiter anhaltenden Glück sehr gut gebrauchen konnte. Denn unsere Armee musste noch einige Kriege gewinnen, und ich diente in einer Einheit, in der wir dafür besonders viel riskierten.

Leider ist Israel bis heute häufig in bewaffnete Konflikte verwickelt. Obwohl 20 Prozent der israelischen Bürger Araber sind, die hier zu einem großen Teil als Muslime ziemlich gut mit der jüdischen Mehrheit und den vielen anderen Minderheiten im Land zusammenleben können, will ein entscheidender Teil der muslimischen Bevölkerung weltweit einfach keine Juden im Nahen Osten dulden. Die umliegenden islamisch geprägten Staaten haben bei Pogromen im letzten Jahrhundert immer wieder jüdische Mitbewohner ermordet und schon seit Längerem fast alle Juden aus ihren Ländern vertrieben. Früher gab es im ganzen Nahen und Mittleren Osten jüdische Gemeinden, heute leben bis auf wenige Ausnahmen alle bei uns.

Manche Anführer in unseren Nachbarstaaten sprechen sogar ganz offen aus, uns alle vernichten zu wollen. Sie terrorisieren uns und rüsten nach jeder ihrer Niederlagen gegen uns wieder und wieder auf für einen erneuten Angriff. Israel hat daher leider bis heute mit den wenigsten seiner Nachbarstaaten einen Friedensvertrag oder wenigstens einen dauerhaften Waffenstillstand aushandeln können. Die meisten unserer Nachbarn akzeptieren uns hier immer noch nicht, unser Leben ist daher bis auf den heutigen

6 Akronym für hebr. „Armee der Verteidigung Israels".

Zvi Cohen im Kibbuz Ma'abarot während des Sechs-Tage-Kriegs 1967 als militärischer Kommandant von Ma'abarot. Cohen gibt Alarm mit einer Handsirene auf dem Dach des allgemeinen Speisesaals.

Tag auch von terroristischer und militärischer Gewalt geprägt. Was immer aber unsere Feinde planen, wir werden jeden drohenden Angriff nach Möglichkeit schon im Vorfeld unterbinden und, falls es sich gar nicht vermeiden lässt, jeden Waffengang für uns entscheiden. Wir verteidigen uns hier außerordentlich professionell, und unser kleines Land steht bis heute jedem Juden auf der Welt offen, der noch immer und aktuell gerade in Europa wieder vermehrt von Antisemiten aller Couleur bedroht wird.

Spuren und Gedenken

In Israel konnte ich endlich ein gutes Leben führen. Ich heiratete die Frau, die ich schon in der Kibbuz-Schule toll fand, und wir bekamen im Laufe der Jahre vier Kinder. Gemeinsam mit unseren Genossen verbesserten wir unseren Kibbuz. Ich fühlte mich sicher und angekommen. Dennoch plagte mich die tief sitzende Erinnerung an den unaufhörlichen Hunger im Ghetto, sie verfolgt mich bis heute. Überall, wo ich etwas Essbares sehe, bekomme ich sofort Hunger, selbst wenn ich völlig satt bin. Über meine damaligen Erlebnisse sprach ich lange Zeit nur mit meinen Eltern, weil sich außer uns niemand vorstellen konnte oder wollte, was geschehen war.

Der Eichmann-Prozess

Eine intensive Auseinandersetzung mit den nationalsozialistischen Verbrechen an den Juden begann in Israel und den USA, als wir einem wichtigen Organisator der Vernichtung den Prozess machen konnten. Adolf Eichmann war beim Zusammenbruch Nazi-Deutschlands nach Argentinien geflohen und lebte dort unter falschem Namen. Unser Geheimdienst Mossad spürte ihn 1961 auf, und eine kleine Gruppe von Agenten entführte ihn heimlich nach Israel. Als ich hörte, dass man ihn gefasst hatte, fiel mir ein Stein vom Herzen. Jetzt konnten wir wenigstens eines der Monster selbst zur Rechenschaft ziehen. Der Prozess gegen Eichmann erregte international große Aufmerksamkeit. Im Gegensatz zu deutschen Medien berichteten jene in Israel und in den USA regelmäßig und ausführlich über die lange und nervenaufreibende Verhandlung. Vor laufender Kamera sagten Überlebende als Zeugen aus, und die Staatsanwaltschaft legte Material vor, das bewies, dass Eichmann federführend am Vernichtungsprogramm beteiligt war. Obwohl viele Informationen darüber gar nicht neu waren, dachte in Israel die breite Öffentlichkeit erst jetzt zum ersten Mal ausgiebig darüber nach, wie das Ungeheuerliche überhaupt hatte passieren können. Wir lauschten täglich im Gemeinschaftsraum der Radioberichterstattung, und ich hatte den Eindruck, dass nie zuvor bei uns ein Thema solche Aufmerksamkeit gefunden hatte.

Eichmann wurde schließlich zum Tode verurteilt, und nun stand Israel vor einem neuen Problem. Er war der Erste, der hingerichtet werden musste, da unsere Gesetze die Todesstrafe nur bei außerordentlich schweren Verbrechen vorsehen. Wir hatten deshalb keinen Henker und mussten jemanden finden, der diese Bürde auf sich nehmen würde. Überlebende kamen dafür selbstverständlich nicht infrage, aber wie viele wäre auch ich bereit gewesen, ihn mit eigenen Händen zu erwürgen. Als Eichmanns Tod schließlich bekannt gegeben wurde, fühlte ich mich ebenso wie meine Eltern ungeheuer erleichtert. Er ist bis heute der Einzige, der in Israel hingerichtet worden ist.

Wiedersehen in New York

Bald darauf flog ich zum ersten Mal in die USA und traf mich dort mit Verwandten. Gisela Adamski, die Cousine meines Vaters, hatte zuvor sieben Jahre in Israel nur vier Kilometer von Ma'abarot entfernt gelebt, bevor sie in die Vereinigten Staaten zog. Aber wir wussten alle nichts voneinander. Erst als sie schon in den Staaten war, erfuhr sie über Vaters Schwester Charlotte von uns. Wir nahmen Kontakt auf und verabredeten uns zu einem Familientreffen in New York. Georgette Heller war mit dabei, die Frau meines Cousins Jonny. Gisela und Georgette waren beide getrennt nach Auschwitz verschleppt worden und hatten jeweils mit viel Glück bis zur Befreiung überleben können. Sie waren sich dort nie begegnet und begannen jetzt bei diesem Treffen 1962 zum ersten Mal, gemeinsam darüber zu sprechen, was sie in dieser Hölle hatten erleiden müssen.

Ich fragte sie, warum sie erst jetzt davon erzählten. Sie erklärten, dass sie ihre Kinder in einem freien Land wie den USA nicht mit diesem Grauen haben belasten wollen. Dass sie nun berichteten, wirkte wie ein Dammbruch. Meine Verwandten und vor allem deren Kinder wollten nun auch von meinen Erlebnissen hören. Im Jahr darauf haben sie mich in Ma'abarot besucht, und ich erzählte ihnen so gut ich konnte, was sie wissen wollten. Bis ich in Israel öffentlich und regelmäßig über unsere Verfolgung und die Zeit in Theresienstadt sprach, dauerte es aber noch weitere 20 Jahre. Denn das Misstrauen, mit dem uns Überlebenden anfänglich begegnet wurde, hatte mich sehr verunsichert. In den 1980er-Jahren haben mich dann zum ersten Mal Kibbuz-Genossen gebeten, ihren Kindern meine Geschichte zu erzählen.

Beitrag zur „Shoah Foundation"

Die Shoah Foundation ist eine US-amerikanische gemeinnützige Organisation, die der Regisseur Steven Spielberg 1994 gründete. Weltweit hat sie in großem Umfang Berichte von Holocaust-Überlebenden auf Video aufgenommen, um sie für nachfolgende Generationen zu bewahren.

Im Mai 1996 kam einer ihrer Mitarbeiter zu mir in den Kibbuz und zeichnete meinen Bericht auf Video auf. Es war sehr angenehm, mit ihm zu sprechen, denn er fragte mich nicht aus, sondern ließ mich einfach erzählen. Er wirkte wie jemand, der wirklich meine ganze Geschichte hören wollte. Zu Beginn des Interviews sagte ich, dass er mich unterbrechen solle, wenn meine Ausführungen zu langatmig werden würden.

Nach gefühlt zehn Minuten sagte er dann kurz „Stopp!" – und wechselte das Band. Ich hatte vollkommen die Zeit vergessen und schon über eine Stunde lang eine ganze Film-Kassette vollgesprochen. Insgesamt habe ich vier Stunden Zeugnis abgelegt. Das war das erste Mal, dass eine Institution wegen meiner Erlebnisse auf mich zugekommen ist. Ich war etwa der 15 000ste, heute gibt es an die 52 000 Interviews, die zwischen 1994 bis 1999 in 56 Ländern und 32 Sprachen aufgezeichnet wurden.

Auf Großvaters Spuren

Kurz nach dem Fall der Mauer, im Jahr 1990, reiste ich mit einem Team unseres Radiosenders „Kol Israel" zum ersten Mal wieder nach Deutschland. Für die Sendung „Drei Wünsche" begegneten sich dort ein jüdisches

Mädchen aus Prag mit Namen Dita und ein jüdischer Junge aus Berlin, also ich. Wir hatten beide als Kinder Theresienstadt überlebt.

Dita Kraus und ich verbrachten drei Tage zusammen in Berlin und fuhren im Anschluss nach Theresienstadt – immer mit dabei die Radiomoderatorin Eti Polak. In Theresienstadt sprachen wir über unsere Gefühle und Erfahrungen im Ghetto. Vieles erinnerten wir ähnlich, doch wir diskutierten auch über unterschiedliche Erfahrungen. Für mich ist Theresienstadt das Schlimmste, das ich erlebt hatte und mir vorstellen konnte. Für Dita war es nur das kleinere Übel: Sie überlebte Auschwitz, ihre Eltern wurden von den Nazis ermordet. Dita konnte den Unterschied zwischen Theresienstadt und Auschwitz sehr gut beschreiben.

Später wurde der Beitrag vier Mal auf „Kol Israel" gesendet, was für die damalige Zeit sehr häufig war. Zuletzt wurde der Beitrag überarbeitet und erst kürzlich auf der Internetseite des Senders zugänglich gemacht. Dita lebt heute ganz in der Nähe in Netanja und hält Vorträge über ihre Zeit im Ghetto und im Lager Auschwitz. Mit Eti habe ich regelmäßigen Kontakt, wir schreiben uns oft.

Bald darauf traute ich mich, auch einmal auf eigene Faust durch Deutschland zu reisen. Vor meinem Abflug bat ich meinen Vater um Erlaubnis, da ich diesmal nicht in einer Gruppe geschützt unterwegs war. Meine Mutter war schon nicht mehr am Leben, und mein Vater wünschte sich nur eins: „Zvi, bitte besuch' für mich das alte Jugendheim in Wolzig."

Auf der Reise begleitete mich die Historikerin Annegret Ehmann, die die Geschichte des örtlichen Judentums erforschte. Als wir in Wolzig ankamen und unterwegs nach dem Weg fragten, konnten sich zu unserer Überraschung einige Ältere noch an das Internat erinnern. Schließlich fanden wir das ehemalige jüdische Jugendheim, das jetzt mittellosen Senioren als Altersheim diente. Als ich dort nach dem kleinen Aufzug fragte, in dem ich immer so gerne gespielt hatte, antwortete man mir, so etwas gebe es hier nicht. An einer Wand jedoch bemerkte ich einen großen Schrank, den ich kurzerhand zur Seite schob. Und siehe da: Da war er immer noch, der kleine Lift.

Während des Zweiten Golfkrieges 1990/91 sah ich Annegret Ehmann in Israel wieder, da sie sich solidarisch mit uns zeigen wollte, als der Irak damit drohte, Israel mit Giftgasraketen zu attackieren. Die dafür benötigten

Chemikalien und Ausrüstung hatten neben anderen auch deutsche Firmen geliefert. Ein paar Jahre später brachte Annegret Ehmann mir dann das Buch „Exporteure des Todes. Deutscher Rüstungsskandal in Nahost" von Hans Leyendecker und Richard Rickelmann mit, das die deutschen Rüstungsexporte in den Nahen Osten skandalisierte. Für eine Sendung von „Kol Israel" las ich aus dem Kapitel vor, in dem geschildert wird, wie Deutschland den Irak bei der Produktion chemischer Waffen unterstützt hatte. Ehmann gehörte später auch zu den Initiatoren des Projektes, die Wannsee-Villa, in der sich hochrangige Nazis zur endgültigen Vernichtung der europäischen Juden verschworen hatten, in eine Gedenk- und Bildungsstätte zu verwandeln. Zum 50. Jahrestag der sogenannten Wannsee-Konferenz, am 20. Januar 1992, wurde das Holocaust-Museum eröffnet.

Auf derselben Reise suchte ich auch die Gedenkstätte Sachsenhausen auf. Ich war wie besessen davon zu erfahren, was meinem Großvater im Konzentrationslager angetan worden war. Das ehemalige KZ war inzwischen Gedenkstätte und Museum, und ich wollte mir ein eigenes Bild machen, um auch meinem Vater davon berichten zu können.

Zwischen den Häftlingsbaracken gab es einen großen Appellplatz, in dessen Mitte ein hoher Erdhügel aufgeschüttet war. Daneben stand eine drei Tonnen schwere steinerne Walze. Die Häftlinge hatten die Erde über den ganzen Platz verstreuen und sie dann mithilfe dieser handbetriebenen Walze plätten müssen. Die „Terrorarbeit" war pausenlos von Peitschen- und Stockhieben begleitet. Rings um diesen Platz verlief eine mehrere Meter breite und 700 Meter lange Laufbahn, auf der alle zwanzig bis dreißig Meter Flusssteine, Kieselsteine, Sand und Schlamm aufgeschüttet waren. Das war die sogenannte Schuhprüfstrecke. Auftraggeber waren zivile Schuhunternehmen, Leder-Ersatzstoff-Hersteller, Schuhleistenfabrikanten und später auch die Wehrmacht. Dort wurde getestet, welches Leder bei unterschiedlichen Bodenbeschaffenheiten am besten als Sohlenmaterial für die Stiefel der deutschen Soldaten geeignet sei. Tag für Tag, zwölf Stunden lang, teilweise bis zu 48 Kilometer, unter Schlägen und Drohungen musste das sogenannte Schuhläufer-Kommando die Strecke ablaufen. Mehr noch: Damit kein deutscher Soldat – Gott behüte! – einen unbequemen oder gar drückenden Stiefel bekam, mussten die Gefangenen für sie die Stiefel einlaufen.

Ich marschierte den Pfad ab, in meinen eigenen Schuhen, nur eine Runde und ohne Prügel – und auch das war schmerzhaft und schwer. Erst da begriff ich, 60 Jahre nach der Reichspogromnacht im November 1938, warum mein Großvater nach seiner Entlassung aus dem KZ Sachsenhausen nurmehr vor sich hinmurmeln konnte: „Sie haben mir die Füße kaputt gemacht."

Lange Zeit stellte ich mir so das Leid vor, das meinem Großvater angetan worden war. Es mussten fast 30 weitere Jahre vergehen, bis ich Genaueres erfahren durfte, als wir uns im Zuge der Recherchen für dieses Buch mit Großvaters Geschichte beschäftigten.

Eine erste Anlaufstelle für solche Nachforschungen sind die Arolsen Archives – International Center on Nazi Persecution (vormals: ITS Arolsen) im hessischen Bad Arolsen. Das Archiv umfasst rund 30 Millionen Dokumente aus der Zeit des Nationalsozialismus und aus der unmittelbaren Nachkriegszeit. Die Mitarbeiter des Archivs konnten tatsächlich ein paar Dokumente zum Schicksal meines Großvaters ausfindig machen: Eintritts- und Austrittsmeldung in das KZ Sachsenhausen sowie Kopien von Entschädigungsgesuchen. Doch die Dokumente warfen bei mir mehr Fragen auf, als sie mir Antworten gaben. Mein Großvater ist den Informationen zufolge erst zehn Monate nach der Reichspogromnacht nach Sachsenhausen verschleppt worden, im September 1939. Er wurde mit vielen anderen Juden aus Berlin am selben Tag inhaftiert. Eine Anfrage bei der Gedenkstätte Sachsenhausen brachte Klarheit: Die Inhaftierung meines Großvaters ins KZ Sachsenhausen hatte wider Erwarten nichts mit der Reichspogromnacht zu tun, sondern habe sich gegen in Deutschland lebende polnische und staatenlose – ehemals aus Polen stammende – Juden gerichtet. Deutschland hatte gerade Polen überfallen und verbreitete die Propaganda-Lüge, die Polen selbst hätten den Krieg angefangen.

Alle jüdischen Inhaftierten sind von der SS auf das Schlimmste misshandelt worden: Schläge, Tritte, nächtliches „Sporttreiben" im Freien bei großer Kälte, Einsatz in den härtesten Arbeitskommandos. „Hellers Entlassung ist möglicherweise darauf zurückzuführen, dass sich herausstellte, dass er niemals die polnische Staatsangehörigkeit besaß", schrieb uns die Gedenkstätte. Mein Großvater ist also höchstwahrscheinlich wie alle inhaftierten Juden dieser Gruppe von der SS besonders gefoltert worden. Diese Spurensuche, die für mich nach 80 Jahren nun endlich abgeschlossen zu sein scheint, zeigt beispielhaft, dass bis heute Überlebende nur mit großem Aufwand und etwas Glück erfahren, was mit ihren Angehörigen eigentlich geschehen ist.

Die erste Reise ins Nachkriegsdeutschland, mit der ich begann, das Schicksal meines Großvaters zu verfolgen, unternahm ich noch alleine. Ich fühlte mich dabei elend, weil ich ständig Angst hatte. In jeder Person im entsprechenden Alter sah ich einen potenziellen NS-Täter. Deswegen baute ich in den Folgejahren auf die Begleitung durch Familienmitglieder. Seit vielen Jahren ist nun mein Bruder Abi mein treuer Begleiter und passt als „Bodyguard", wie er gerne scherzt, in Deutschland auf mich auf.

Gedenktafel an der Eger

Dort, wo ich die Asche meiner Großeltern dem Flusswasser hatte anvertrauen müssen, stand am Ufer der Eger früher eine Tafel, auf der in fünf Sprachen zu lesen war: „An diesem Ort haben die Nazis die Asche von 22 000 Märtyrern aus dem Ghetto Theresienstadt in den Fluss Ohre geworfen." Dass fast alle der Opfer Juden waren und auch Juden zu dieser entwürdigenden Aufgabe gezwungen worden waren, blieb unerwähnt. Als ich diese Inschrift zum ersten Mal las, hat sie mich tief getroffen, und ich kämpfte fortan um eine Änderung des Textes. Ich schlug vor, die Inschrift durch eine treffendere zu ersetzen: „An diesem Ort wurden jüdische Jungen gezwungen, die Asche der jüdischen Opfer von Theresienstadt in den Fluss zu werfen." Ich wandte mich mit meiner Bitte sogar an den damaligen israelischen Staatspräsidenten Ezer Weizmann, der ausgezeichnete Kontakte zu seinem damaligen tschechoslowakischen Amtskollegen Václav Havel unterhielt.

Lange bekam ich keine Antwort, bis mir eines Tages ein Kibbuzgenosse ein aktuelles Foto von seinem Besuch der Gedenkstätte in Tschechien mitbrachte. Auf einer neuen Tafel steht nun die Inschrift: „An diesem Ort ließen die Nazis im November 1944 die Asche von 22 000 jüdischen Opfern aus dem Ghetto Theresienstadt in den Fluss Eger werfen."

Brundibár hat überlebt

Die Kinderoper „Brundibár“ war jahrzehntelang fast völlig vergessen und wurde erst 1975 in der tschechischen Originalfassung erneut aufgeführt. Wenige Jahre später hatte eine englische Fassung in Kanada Premiere. Für eine deutsche Übersetzung sorgte die Benediktinerschwester und Musiklehrerin Veronika Grüters. Sie stieß bei Nachforschungen zum Schicksal entfernter jüdischer Verwandter auf einzelne Teile der Oper, rekonstruierte die Orchesterfassung und übersetzte das Libretto ins Deutsche. Nach einer ersten erfolgreichen Aufführung 1985 an einem Mädchengymnasium in Freiburg erhielt das ganze Ensemble eine Einladung zu einer Israel-Tour. Das konnte ich mir nicht entgehen lassen. Ich saß wie andere Ghetto-Überlebende und frühere Ensemble-Mitglieder bei einer der Aufführungen gespannt im Publikum. Sie war wie die ganze Tour ein voller Erfolg. Heute steht die Oper in Deutschland auf der Liste der für Schulen empfohlenen Theaterstücke, um Schülern einen leichten Einstieg in die Beschäftigung mit der Schoah zu ermöglichen.

Ein unerwartetes Wiedersehen

Dass die Lager-SS uns erlaubte, eine Kinderoper zu spielen, lag nur daran, dass sie die Welt täuschen wollte. Sonst war den Nazis alle von Juden geschaffene Kunst im Sinne ihrer Rassenlehre als „entartet“ verhasst. Sie verbannten alle jüdische Kultur aus dem öffentlichen Leben und zerstörten jüdische Werke, wo sie nur konnten. Um an diese „verfemte Musik“ zu erinnern, rief das Konservatorium Schwerin unter Leitung von Volker Ahmels 2001 den Internationalen Interpretationswettbewerb „Verfemte Musik“ ins Leben. Dazu werden seitdem auch Zeitzeugen eingeladen, um sich mit den jungen Künstlern in Gesprächsrunden auszutauschen. Und so saßen wir auch 2006 in einer solchen Runde zusammen. Schräg rechts hinter mir im großen Halbkreis aus Stühlen berichtete ein ebenfalls schon älterer Herr davon, was er als Junge in Theresienstadt erlebt hatte. Er war danach Musikwissenschaftler und Germanist geworden und hat seine Erlebnisse in einem autobiografischen Roman verarbeitet. Er erzählte damals, dass er im Ghetto Trompete spielte und dass er wie ich eine Zeit lang im Knabenheim im Gebäude L414 einquartiert gewesen war. Dabei erinnerte er sich außer an die anderen Jungs in seinem Zimmer auch besonders an einen dunkelhäutigen, hochgewachsenen Jungen aus Berlin, der schön Mundharmonika spielen konnte und mit dem er gern zusammen musizierte.

Zuerst noch fassungslos, drehte ich mich langsam zu meinem Sitznachbarn um, stand dann aufgeregt auf und sagte: „Das bin ich!" Dieser Mann war mein alter Freund Paul. Wir fielen uns in die Arme, und unsere Freude kannte keine Grenzen. Paul war nicht wie fast alle anderen in den Tod geschickt worden, während ich im Krankenhaus lag. Da er aus Dänemark kam, hatte man ihn nur in ein anderes Haus verlegt, und wir waren uns einfach nicht mehr begegnet. Die ganze Runde war so perplex wie wir über das unverhoffte Wiedersehen und schaute uns gerührt zu. Paul hieß inzwischen Paul Aron Sandfort und schenkte mir bald danach eine Ausgabe seines Buches „Ben – Vogel aus der Fremde" (erschienen im Jahr 2000 in Köln).

Gedenken an den „Zug der Freiheit"

In unserem Nachbar-Kibbuz Givat Haim existiert seit 1975 die Gedenk- und Bildungsstätte „Beit Terezin", das „Haus Theresienstadt", das von Ghetto-Überlebenden gegründet worden ist. Wir arbeiten inzwischen seit vielen Jahren zusammen, und ich setzte mich dafür ein, an die außergewöhnliche Rettungsaktion, der meine Familie ihr Überleben verdankte, offiziell zu erinnern. Und so fand genau 65 Jahre nach unserer Fahrt mit dem Zug in die Schweiz, am 5. Februar 2010, eine Gedenkfeier statt, bei der sich neun der in Israel wohnhaften Überlebenden einfanden, die dem Ghetto auf diese Weise hatten entkommen können; wir alle waren damals noch Kinder gewesen. Einer der Hauptredner war Edouard Musy, der Enkel von Jean-Marie Musy, der unsere Befreiung damals in Gesprächen mit Heinrich Himmler ausgehandelt hatte. Er entschuldigte sich im Namen der Schweiz dafür, dass im Gegensatz zu uns viele Juden als „illegale Grenzüberläufer" an der Schweizer Grenze abgewiesen wurden, als sie während des Nationalsozialismus versuchten, sich in die Schweiz zu retten. Auch der Schweizer Botschafter Walter Haffner bat dafür um Verzeihung und zitierte den passenden Talmudspruch: „Wer einen Menschen rettet, rettet die ganze Welt".

Ringen um die Ghetto-Rente

2002 verabschiedete der Deutsche Bundestag das sogenannte Ghetto-Renten-Gesetz. Alle, die in den Ghettos der Nationalsozialisten gearbeitet hatten, sollten demnach vom deutschen Staat dafür Rentenleistungen beziehen können. In der Folgezeit gingen bei deutschen Rentenkassen 88 000 Anträge ein – doch bis zu 93 Prozent wurden abgelehnt. Für die Anträge aus Israel war die Rentenversicherung Rheinland in Nordrhein-Westfalen zuständig. Die Überlebenden erhielten komplizierte Fragebögen, mit denen sie oftmals überfordert waren. Eine Arbeitsrente kann man in Deutschland nur für Arbeit aus freiem Entschluss und gegen Entgelt bekommen. Die Beschäftigungen aller Art im Ghetto definierte die Sozialversicherung aber meist als Zwangsarbeit und hielt sich daher nicht für zuständig. Anders als in den KZs gab es in den Ghettos jedoch noch einigermaßen freie Entscheidungen. Etliche Überlebende zogen vor Gericht, um gegen die Beschlüsse der Rentenversicherungen zu klagen. Die Richter gaben meistens den Rentenversicherungen recht.

Eine Ausnahme war Jan-Robert von Renesse, Richter am Landessozialgericht Nordrhein-Westfalen in Essen. Renesse machte sich selbst auf nach Israel, um mit den Überlebenden persönlich zu sprechen. Er ließ sich von über hundert Überlebenden aus ihrem Ghetto-Alltag berichten. Anders als seine Kollegen entschied er, dass in den meisten Fällen ein Anspruch auf Rente begründet war.

Eine neuere Rechtsprechung des Bundessozialgerichts aus dem Jahr 2009 bestätigte Renesses Position: Als „freiwillige Arbeit" im Ghetto galten von nun an alle Tätigkeiten, bei denen die Ghetto-Häftlinge zwischen Arbeit und Hungertod entscheiden mussten – dazu gehörte im Zweifelsfall auch Arbeit für Brot und Suppe. Renesse erreichte daraufhin eine erneute Prüfung aller abgelehnten Anträge. Von den ursprünglich über 30 000 abgelehnten Anträgen wurden ungefähr 18 500 nachträglich bewilligt, wie die Journalistin Julia Smilga schreibt.

Auch ich meldete mich in Deutschland für eine Ghetto-Rente und gab an, welche Schwerstarbeit meine Eltern und ich in Theresienstadt geleistet hatten. Renesse traf mich dankenswerterweise in Beit Terezin, im Haus Theresienstadt, und ich konnte meine Aussage in meiner Nachbarschaft machen. Er wirkte auf mich sehr seriös und diszipliniert – durch und durch korrekt –, auf eine Art typisch deutsch könnte man ihn charakterisieren. Da saß ein Mann, der sich ein klares Ziel gesetzt hatte: die Arbeit in Ghettos als solche auch anzuerkennen. Und das, obwohl er wusste, dass er sich damit wenig Freunde machen würde. Für seinen Alleingang hat Renesse von seinen Vorgesetzten viel Druck und von politischen Verantwortlichen in Nordrhein-Westfalen wenig Unterstützung bekommen, heißt es, weil er sich gegen die gängige Praxis wandte.

Ich berichtete Renesse, wie ich von der SS in unserer Berliner Wohnung überrascht wurde und mir geistesgegenwärtig das Lied „Ich hatt' einen Kameraden" einfiel. Und ich spielte ihm das Lied vor, so wie ich das regelmäßig als Vortragender mache. Er war beeindruckt und erzählte, dass er das Lied oft während seiner Zeit in der Bundeswehr gehört habe. Das alte deutsche Soldatenlied spielt auch heute noch im Trauerzeremoniell der Bundeswehr eine wichtige Rolle.

Renesse hat durch seine unkonventionelle Arbeitsweise den wenigen heute noch Überlebenden der Ghettos zu ein wenig Gerechtigkeit verholfen. Seither bekomme ich monatlich um die 200 Euro ausbezahlt.

Seit den 1950er-Jahren hatten meine Eltern und ich Entschädigungen vom deutschen Staat für das erlittene Unrecht bekommen: Für Freiheitsentzug im Ghetto Theresienstadt, dafür, dass wir den Judenstern hatten tragen müssen, dafür, dass meine Großeltern verhungert sind. Über die Jahre bekamen wir eine beträchtliche Summe, aber das Kibbuz verlangte von meiner Familie, dass die Zahlungen in die Gemeinschaftskasse fließen sollten. Hätten wir uns dem verweigert, hätten wir es verlassen müssen. Mit der kompromisslosen Politik des Kibbuz haderten meine Eltern, besonders meine Mutter. Mit dem Geld hätten sie ein gutes Leben in Tel Aviv führen können. Aber ich wollte bleiben, und erneut entschieden sie, dass wir als Familie nicht getrennt werden sollten. Es blieb ihnen daher nichts anderes übrig, als diese bittere Pille zu schlucken.

„Erhobenen Hauptes" – mein Zeugnis im Film

Vor vielen Jahren trafen die Delegierten Ruth und Gavriel Schelleck aus Ma'abarot während eines Besuches in Frankfurt am Main auf Trude Simonsohn, eine deutsche Jüdin, die Theresienstadt und Auschwitz überlebt hatte. Trude wiederum hatte eine nichtjüdische deutsche Freundin, Irmgard Heydorn, die während des Krieges im Widerstand gegen die Nazis gekämpft hatte und nie erwischt worden war. Die beiden verband eine lebenslange enge Freundschaft.

Der Frankfurter Adrian Oeser drehte noch als Gymnasiast einen Film über ihre Geschichte und führte ihn einmal privat in meinem Kibbuz vor. Im Anschluss kamen wir ins Gespräch, und er fragte mich, ob ich auch eine Geschichte zu erzählen hätte. Oh ja, das hatte ich!

Und schon einige Tage später erfuhr ich, dass Adrian mit einer Gruppe von Studienfreunden einen Film über die deutschen Juden drehen wollte, die als Kinder oder Jugendliche nach Ma'abarot gekommen waren und heute ihren Lebensabend hier verbrachten. Die anderen hier waren schon vor Ausbruch des Zweiten Weltkrieges geflohen, ich war der Einzige, der erst nach Kriegsende ins Kibbuz kam.

Ich besprach die Angelegenheit mit meinen Kibbuz-Genossen, den anderen „Jeckes", wie man früher die deutschen Juden in Israel gerne nannte, weil sie anfänglich auch im warmen Klima nicht auf ihre Jacketts verzichten wollten. Viele von ihnen hatten noch nie öffentlich darüber gesprochen, was es für sie bedeutete, dass sie in jungen Jahren ihre ganzen Familien und Freunde in Deutschland hatten zurücklassen müssen, von denen die meisten dann ermordet worden waren. Jetzt waren sie bereit, darüber zu berichten, und das Filmteam arbeitete zweieinhalb Jahre an seinem Film, dessen Weltpremiere 2013 im Kibbuz Ma'abarot stattfand.

Das Publikum im Kibbuz war teilweise sehr betroffen, denn einige beschäftigten sich zum ersten Mal genauer mit den persönlichen Berichten von Menschen, die schon seit 70 Jahren im gleichen Kibbuz lebten. In Israel weckte der Film überall, wo er gezeigt wurde, großes Interesse.

Doch wie würde man ihn im Deutschland des Jahres 2013 aufnehmen, fragte ich mich? Man lud mich zur Deutschland-Premiere im Deutschen Filmmuseum Frankfurt ein, und ich wartete gespannt auf die Reaktionen des Publikums. Zu meiner Verblüffung stieß der Film auch hier auf viel Anerkennung, die Zuschauer blieben bis nach Mitternacht und stellten zahllose Fragen. Vor allem das Leben im Kibbuz interessierte sie, und die Frage, warum diese idyllische Lebensform dieser Tage aufgelöst wird.

Über die deutsche Vergangenheit zeigten alle im Saal ihr aufrichtiges uneingeschränktes Bedauern. Als ich fragte, was sie selbst denn in ihren Familien darüber bislang gehört hätten, lautete die fast einheitliche Antwort der älteren Erwachsenen: „Über dieses Thema durfte man bei uns zu Hause nicht sprechen!“ Diesen Refrain vom Tabu hatte ich schon oft gehört, denn gerade als noch viele Täter lebten, wollte in deutschen Familien kaum jemand genauer über deren Verbrechen sprechen.

Meine Mission als Referent

Seit drei Jahrzehnten trete ich nun regelmäßig als Referent und Zeitzeuge auf, da ich es als meine Aufgabe begreife, mit meiner Geschichte über den Nationalsozialismus aufzuklären. Ich erzähle dabei jedes Mal frei aus der Erinnerung heraus und spiele Stücke auf der Mundharmonika vor, die ich damals gespielt habe. Die wesentlichen Episoden meines Berichts bleiben natürlich gleich, aber da ich mir jedes Mal meine Erlebnisse erneut in Erinnerung rufe, fallen mir häufig andere Details ein – vielleicht kann man mir deswegen gut zuhören.

Meine Vorträge finden oft im Rahmen deutsch-israelischer Kooperationen statt. Eine davon hat mich in den letzten Jahren besonders gefreut. Als Oded Breda vor einigen Jahren die Gedenkstätte Beit Terezin leitete, begann er besonders den Sport als Ausgangspunkt für die Erinnerungsarbeit zu nutzen. Sein eigener Onkel hat als Häftling in Theresienstadt Fußball gespielt, wie er erst sehr spät erfuhr. Daher sind in Beit Terezin heute auch der Sport und insbesondere der Fußball im Ghetto sehr eindrücklich dokumentiert. Über dieses Thema konnte sich nun eine feste Kooperation mit dem Deutschen Fußballbund (DFB) entwickeln, der seit über zehn Jahren regelmäßig mit Teams ausgewählter junger Spieler zu Freundschaftsspielen und kleinen internationalen Turnieren nach Israel reist. Die Deutschen trainieren hier gerne im Winter außerhalb ihrer Saison, und unsere jungen Fußballer bekommen die großartige Möglichkeit, Erfahrungen mit Top-Teams zu sammeln. So werden sie langsam besser, auch wenn die Deutschen bisher einfach ständig gewinnen.

In den Tagen vor den Spielen treffen sich die jungen Auswahlspieler mit mir zum Gespräch und fahren in die zentrale Holocaust-Gedenkstätte Yad Vashem nach Jerusalem, um das Thema zu vertiefen. Da erfolgreiche Fußballer in Deutschland Vorbilder für die Jugend sind, vermittle ich ihnen besonders gerne meine Erfahrungen. Wenn ich ihnen dann meine Geschichte erzählt habe, gewinne ich beim anschließenden Austausch in der Runde immer wieder den Eindruck, den ich auch von anderen jungen Zuhörern kenne: Mein Auftritt schlägt emotional ein wie eine Bombe. Junge Leute in Deutschland mögen einiges über die NS-Zeit in der Schule hören, doch offenbar wird ihnen erst durch einen persönlichen Bericht wie dem meinen deutlich, was sie für einen Juden tatsächlich bedeutet hat.

Daher frage ich mich inzwischen, ob noch eine lebendige Vergegenwärtigung möglich sein wird, wenn gar keine Zeitzeugen mehr leben, die ihre Erlebnisse schildern können. Dass auch dieser Teil der historischen Erinnerung mit der Zeit immer abstrakter wird, wäre in gewisser Weise normal. Doch gerade bei diesem Thema birgt das die Gefahr, dass darüber sein Fortwirken bis heute aus dem Blickfeld gerät. Denn der Antisemitismus lässt sich scheinbar nicht aus der Welt schaffen und vergiftet trotz aller Bekenntnisse gegen ihn weiter die Herzen.

Erinnern heute

Persönlich habe ich den Eindruck gewonnen, dass die dritte und vierte Nachkriegsgeneration in Deutschland heute offen und neugierig ist. Die jungen Leute wollen verstehen, was die Generation der Großeltern oder Ur-Großeltern angerichtet hat. Daher traute ich anfänglich meinen Augen nicht, als ich vor einiger Zeit davon las, dass in Deutschland eine Debatte darüber geführt wird, ob man den Geschichtsunterricht noch so weiterführen könne wie bisher, wenn immer mehr Schüler aus Zuwandererfamilien kommen, die zur Zeit des Nationalsozialismus noch nicht in Deutschland gelebt haben. Gerade im Hinblick auf die wachsende muslimische Minderheit in Deutschland wird häufig über besondere Rücksichtnahmen diskutiert.

Weniger Wissen über den Nationalsozialismus und den Antisemitismus zu vermitteln, wäre aber völlig falsch, denn alle, die im heutigen Deutschland leben, sollten darüber gut Bescheid wissen. Ganz unabhängig davon, ob ihre Vorfahren selbst verantwortlich oder überhaupt involviert waren. Denn die heutige Generation trägt an der NS-Vergangenheit natürlich keine Schuld, darauf weise ich bei Vorträgen gleich zu Anfang ausdrücklich hin.

Für die Gegenwart und die Zukunft, sage ich meinen Zuhörern immer zum Schluss, hoffe ich darauf, dass ihnen meine Geschichte hilft, das Entscheidende zu begreifen: So etwas darf einfach nicht mehr geschehen, und daher muss der Antisemitismus überall bekämpft werden, wo er auftritt.

Leider muss ich aktuell sehen, dass er gerade in Europa und auch in Deutschland seit geraumer Zeit wieder stärker wird und sich Juden aus begründeter Sorge um ihre Unversehrtheit dafür entscheiden, bei uns in Israel zu leben. Ganz in der Nähe meines Kibbuz, in der Stadt Netanja, wird inzwischen neben Hebräisch so viel Französisch gesprochen wie noch nie zuvor.

Die Verantwortung, dem Judenhass entgegenzutreten, können und müssen daher unabhängig von der eigenen Familiengeschichte alle übernehmen, die ihm begegnen. Daher bin ich Anfang 2019 gerne einer Einladung in meine alte Heimatstadt Berlin gefolgt und habe zu Schulklassen gesprochen – auch im Bezirk Neukölln, in dem besonders viele Jugendliche aus Familien mit Migrationshintergrund leben. Sie haben mir genauso aufmerksam zugehört wie viele andere zuvor, und ich werde weiter meine Geschichte erzählen, so lange ich kann.

Gruppenbild der Familie Cohen im Mai 2016

Lea Rolnick (2. v. l.), Zvi Cohen (3. v. l.), Abi Cohen (4. v. l.)

Geraubte Kindheit. Berlin – Theresienstadt – Schweiz

Nachwort von Markus Roth

„Sie glauben, im Paradies zu sein, bloss weil man menschlich und teilnehmend und anständig mit ihnen spricht. Das Elend muss riesengross gewesen sein“,[1] schrieb der Arzt Hans Richard von Fels im Februar 1945 in sein Tagebuch, nachdem er sich an diesem Tag um zahlreiche Neuankömmlinge im schweizerischen St. Gallen gekümmert hatte: 1200 Menschen mit einer besonderen Geschichte, die kurz vor Kriegsende aus dem deutschen Herrschaftsbereich in die paradiesisch anmutende Schweiz gebracht worden waren. Zvi Cohen, dessen eindrückliches Zeugnis mit diesem Buch vorliegt, war einer von ihnen.

Geraubte Kindheit

Zvi Cohen wurde 1931 in Berlin als Horst Cohn in ein jüdisches Elternhaus geboren. Von klein auf musste er die vielen kleinen und großen Demütigungen durch andere, nichtjüdische Kinder, durch Nachbarn ebenso wie durch Wildfremde ertragen. Eine unbeschwerte, einigermaßen normale Kindheit blieb ihm unter solchen Umständen verwehrt, auch wenn sich die Eltern noch so sehr um einen Ausgleich durch Liebe und Zugewandtheit bemühten. Von all dem berichtet er ausführlich.

Die ohnehin schon bedrückende Lage verschlimmerte sich für Horst und seine Eltern – wie für alle Juden in Deutschland – mit dem Krieg noch einmal erheblich. Für Horst und alle jüdischen Kinder war dies schmerzhaft spürbar, als ihnen im Herbst 1941 der Schulbesuch untersagt wurde. Zur gleichen Zeit, ab dem 15. September 1941, lastete auf ihnen zusätzlich die sogenannte Kennzeichnungspflicht, die Verordnung, für

1 Zit. nach: Jörg Krummenacher, Die freigekauften Juden aus Theresienstadt, in: Neue Zürcher Zeitung, 9. 2. 2015.

alle sichtbar einen gelben Stern auf der Kleidung tragen zu müssen und damit als Ausgegrenzte, als Vogelfreie erkennbar zu sein. Von nun an war Horst, um den damit verbundenen vielfältigen Schikanen zu entgehen, an die Wohnung gefesselt, die er fortan nicht mehr verließ. Seine Eltern hingegen mussten arbeiten: Horsts Mutter zwangsweise bei der Straßenreinigung; sein Vater, der viele Jahre in einem Heim für schwer erziehbare jüdische Jugendliche in Wolzig als Pädagoge gearbeitet hatte, wurde nach dessen Auflösung 1942 als Lastenträger verpflichtet. Er schleppte das Gepäck derjenigen, die deportiert werden sollten und es selbst nicht mehr tragen konnten.

Überdies lebten Juden in Deutschland ab Herbst 1941 nunmehr permanent im Schatten einer drohenden Deportation ins Ungewisse. Die deutschen Behörden unter Federführung des Reichssicherheitshauptamtes hatten mit dem 15. Oktober 1941 begonnen, Juden aus dem „Großdeutschen Reich" nach Osten zu deportieren, angeblich zur Arbeit, tatsächlich jedoch in die Ghettos und Lager, wo sie entweder direkt ermordet wurden oder vielfach an Hunger und Krankheiten starben. Nahezu zeitgleich, am 23. Oktober 1941, war es Juden generell untersagt worden auszuwandern. Gefangen in Hitlers Reich, gab es nun kaum mehr ein Entrinnen. Für die vorläufig von der Deportation Verschonten wuchs die Gefährdung mit Ausweitung des Luftkriegs noch, zumal ihnen der Zugang zu Luftschutzkellern häufig verwehrt wurde. So harrten sie in ihren Wohnungen aus, als die Bomben fielen, mitunter innerlich zerrissen – denn einerseits mussten sie bei jedem Einschlag um ihr eigenes Leben fürchten, andererseits verhieß jeder Treffer ein womöglich schnelleres Ende des Krieges, des NS-Regimes und damit der Verfolgung.

Theresienstadt

All das änderte sich für Familie Cohn im Mai 1943 mit einem Schlag, freilich nicht zum Besseren – im Gegenteil. Seit November 1942 verließen die „Reichshauptstadt" regelmäßig Züge, an die spezielle Waggons für Juden angehängt wurden, ihr Ziel war Theresienstadt. Mit Ausnahme eines Großtransports mit rund 1300 Menschen im März 1943 waren es stets Gruppen von jeweils 100 Personen. Insgesamt wurden von Anfang November 1942 bis Ende Juni 1943 circa 4160 Menschen in 24 Transporten von Berlin nach Theresienstadt verschleppt.[2] Unter ihnen waren auch Horst Cohn und seine Eltern Gertrud und Max. Sie wurden mit 97 anderen Jüdinnen und Juden am 19. Mai 1943 in den Waggon gesperrt und kamen Stunden später in Bauschowitz an, von wo aus sie die letzten Kilometer zu Fuß zurücklegen mussten – mit Gepäck beladen und unter dem Gebrüll und den Schlägen der SS-Männer.

Es war ein spezieller Ort, an den die Menschen aus dem Zug getrieben wurden. Die alte Garnisonsstadt Theresienstadt fungierte als Ghetto bzw. Sammellager vor allem für tschechische Juden und Juden aus dem Deutschen Reich, darunter insbesondere Ältere und ehemalige Weltkriegsteilnehmer. Das waren in der Spitze im September 1942 53 000 Personen. Sie alle waren unfreiwillig Teil einer groß angelegten Täuschung durch die Nationalsozialisten. Die verfolgten Juden selbst sowie die freie Welt sollten die Lüge von der „Umsiedlung" glauben, daher stellten die Nationalsozialisten Theresienstadt als eine Art „Altersghetto" dar, das Juden aufnehme, die für die Arbeit im Osten zu alt seien oder sich besondere Verdienste erworben hätten.[3] Nach der „Umsiedlung" erkannten die Menschen natürlich rasch den wahren Charakter des Schreckensortes: Der damals 12-jährige Horst Cohn musste schon am Morgen nach seiner Ankunft in Theresienstadt die in der Nacht Gestorbenen auf einen Holzkarren laden und diesen vor das Tor zerren.

Das „Musterghetto" in Böhmen war in Wahrheit eine Drehscheibe des systematischen Mordens. Während viele Juden aus Deutschland und den besetzten Ländern direkt zu den Orten des Massenmordes, in die Vernichtungslager und anderen Mordstätten, deportiert wurden, war Theresienstadt eine Zwischenstation. Ab Januar 1942 rollten die Züge von dort erst nach Riga, dann nach Auschwitz-Birkenau. Dieses Schicksal ereilte

2 Vgl. Alfred Gottwaldt/Diana Schulle, Die „Judendeportationen" aus dem Deutschen Reich von 1941–1945, Wiesbaden 2005, S. 337–364.

3 Vgl. hierzu und zum Folgenden u. a. Wolfgang Benz, Theresienstadt. Eine Geschichte von Täuschung und Vernichtung, München 2013; H. G. Adler, Theresienstadt 1941–1945. Das Antlitz einer Zwangsgemeinschaft. Geschichte, Soziologie, Psychologie, 2. Aufl., Tübingen 1960.

rund 88 000 Menschen, fast zwei Drittel der insgesamt 140 000 Männer, Frauen und Kinder, die im Laufe der Zeit nach Theresienstadt gebracht worden waren. Von den 88 000 Weiterdeportierten überlebten gerade einmal knapp 3000, von den in Theresienstadt Gebliebenen überlebten 19 000 im Ghetto oder konnten vor der Befreiung – wie Horst Cohn und seine Eltern – in die Schweiz oder nach Schweden gerettet werden. Rund 33 000 Menschen starben in Theresienstadt.

Auch wenn Theresienstadt als „Altersghetto" tituliert wurde, lebten dort viele Kinder, rund 9000 unter 15-Jährige litten wie Horst unter Hunger, Enge, Krankheiten. Mehrheitlich wurden sie 1942, noch vor Horsts Ankunft in Theresienstadt, deportiert und in den Vernichtungslagern ermordet. Der von den Nationalsozialisten eingesetzte „Judenrat" und seine Verwaltung richteten dennoch im Rahmen des Möglichen ein besonderes Augenmerk auf die Versorgung der Kinder und ihre Betreuung. So gab es eine eigene Küche sowie höhere Rationen für Kinder, was jedoch zwangsläufig eine Kürzung der Rationen an anderer Stelle zur Folge haben musste.[4]

So sehr man sich auch bemühte und so groß die Bedeutung schon kleinster Verbesserungen in der Versorgung war, litten die Kinder doch genauso Hunger und lebten in dem gleichen Elend wie die Erwachsenen. Die Gewalt, die sie sahen oder am eigenen Leib erfuhren, konnten sie oft nicht verstehen. Wie hätten sie auch, wenn selbst die Erwachsenen dem Geschehen fassungslos gegenüberstanden und wir heute trotz aller Kenntnis der Hintergründe und Zusammenhänge letztlich kaum ermessen oder gar begreifen können, was dort passierte und warum es geschah?

Horst Cohn ging es da nicht anders. Er lebte wie alle Kinder in Theresienstadt getrennt von seinen Eltern. Auch wenn er das Glück hatte, sie zu finden und regelmäßig sehen zu können, fehlten doch der Austausch, Rückhalt und Geborgenheit. Als Deutscher litt er zudem darunter, von den tschechischen Kindern als solcher beschimpft zu werden. Dennoch konnte er sich mit der Zeit mit einigen von ihnen anfreunden, da er beharrlich blieb und die tschechische Sprache nach Gehör lernte.

4 Vgl. u. a. Miroslav Kárný/Margita Kárná, Kinder in Theresienstadt, in: Dachauer Hefte 9 (1993), S. 14–31.

Horst hatte noch sehr viel mehr Glück, entging er doch immer wieder der Gefahr der Deportation in ein Vernichtungslager. Selbst Säuglinge wurden in die Züge gepfercht und nach Auschwitz gebracht. Die weit überwiegende Mehrheit der Kinder von Theresienstadt wurde ermordet oder starb an Hunger und Krankheiten. Nur circa 200 der deportierten Kinder überlebten die Lager, wenige Hundert wurden von der Roten Armee befreit. Und wenige wurden wie Horst schon vor Kriegsende gerettet.

Zug in die Freiheit

Horst erlebte viele Male, dass Züge Theresienstadt mit unbekanntem Ziel verließen. Ihm war wie den meisten Bewohnern des „Vorzeigeghettos“ klar, dass dies keine normalen Transporte waren und dass die Menschen nichts Gutes erwartete – selbst wenn der Massenmord in seinen Details und in seinem Ausmaß nicht bekannt war. Dementsprechend waren die Skepsis und Zurückhaltung groß, als Anfang Februar 1945 die Gerüchteküche im Ghetto brodelte. „1000 Leute sollen am Montag angeblich in die Schweiz fahren. Manche glauben wirklich daran, die meisten nicht“,[5] notierte Eva Mándl Roubíčková am 3. Februar 1945 in ihrem Tagebuch. Am Tag darauf beobachtete sie, dass Pullmannwagen, komfortable Personenwaggons, bereitgestellt wurden. „Sollte es doch in die Schweiz gehen?“, rätselte sie und fragte sich bange: „Werde ich es nicht noch bereuen?“[6]

Und tatsächlich: Der Zug verließ am 5. Februar Theresienstadt mit 1200 Menschen – doch nicht mit den berüchtigten Güterwaggons und auch nicht in Richtung Osten. Sein Ziel war die Schweiz. Es war eine von mehreren Rettungsaktionen in der Endphase des Krieges, die von mitunter zwielichtigen, nicht immer uneigennützig handelnden Personen, aber auch von Hilfsorganisationen in Verhandlungen mit dem NS-Regime, vor allem mit Heinrich Himmler erreicht wurden. Diesem und manchen

5 Eva Mándl Roubíčková, „Langsam gewöhnen wir uns an das Ghettoleben“. Ein Tagebuch aus Theresienstadt. Hrsg. von Veronika Springmann, Hamburg 2007, S. 199.

6 Ebenda.

seiner Satrapen ging es unter anderem um eine Alibitat des guten Willens, um nach dem längst sicheren Untergang des „Dritten Reiches" bessere Karten zu haben.[7]

In diesem Fall war es der Schweizer Jean-Marie Musy, der im Auftrag von Isaac Sternbuch, der die Agudat Israel – eine orthodoxe Organisation, die sich 1912 als Gegenbewegung zur jüdischen Aufklärung gegründet hatte – und die Union of Orthodox Rabbis of the United States and Canada in der Schweiz vertrat, mit Himmler persönlich über die Freilassung von gefangenen Juden verhandelte. Musy (1876–1952) war ein konservativer Politiker, der 1919 in den Bundesrat gewählt worden war. 1925 und 1930 war er Bundespräsident in der Schweiz. Der glühende Antikommunist hegte Sympathien für den italienischen Faschismus und hing einer autoritären Demokratie an. Sein antikommunistisches Engagement verschaffte ihm Kontakte zu Himmler und anderen Nationalsozialisten, die er ab 1940 intensivierte.[8] In direkten Gesprächen mit Himmler und Walter Schellenberg, dem Chef des Sicherheitsdienstes der SS, ab Oktober 1944 konnte Musy den „Freikauf" jüdischer Häftlinge erreichen. Himmler erklärte im November 1944 seine Bereitschaft, alle noch rund 600 000 unter der Gewalt des NS-Staates lebenden Juden freizugeben. Als Gegenleistung forderte er neben anderem Lastwagen und Geld. Man einigte sich im Januar 1945 schließlich darauf, dass es nur Geldzahlungen geben und alle 14 Tage ein Zug mit bis zu 1800 Menschen zur deutsch-schweizerischen Grenze fahren sollte. Zur Bedingung machte Himmler, dass die Freigelassenen nicht nach Palästina ausreisen durften. In einem ersten Schritt wurde eine Million Dollar auf einem Sperrkonto in der Schweiz bereitgestellt. Nach Durchführung des ersten Transports, in dem auch Horst und seine Eltern saßen, befahl Hitler jedoch in Reaktion auf

7 Zu verschiedenen solcher Verhandlungen vgl. Yehuda Bauer, Freikauf von Juden? Verhandlungen zwischen dem nationalsozialistischen Deutschland und jüdischen Repräsentanten von 1933 bis 1945, Frankfurt a. M. 2019.

8 Vgl. u. a. Daniel Sebastiani, Jean-Marie Musy, in: Historisches Lexikon der Schweiz. Online unter: https://hls-dhs-dss.ch/de/articles/003938/2009-06-23/ [17. 8. 2019]; Yehuda Bauer, „Onkel Saly" – Die Verhandlungen des Saly Mayer zur Rettung der Juden 1944/45, in: Vierteljahrshefte für Zeitgeschichte 25 (1977), S. 188–218, hier S. 204.

Presseberichte über die Aktion ihren Abbruch. Das hinterlegte Geld ist nie geflossen. Musy aber soll für seine Dienste von den Sternbuchs großzügig entlohnt worden sein.[9]

Von den Verhandlungen erfuhr der Theresienstädter Judenratsvorsitzende Benjamin Murmelstein am 3. Februar von Hans Günther, dem Leiter des Zentralamts für die Regelung der Judenfrage in Böhmen und Mähren, der Murmelstein daraufhin befahl, eine Liste mit 1200 Personen vorzubereiten. Murmelstein war skeptisch, wäre dies doch nicht die erste Täuschung seitens der SS gewesen. Anders als bei früheren Transporten sollte nun aber gerade niemand mitfahren, der Beziehungen ins Ausland hatte oder dessen Angehörige nach Osten deportiert worden waren. Sonst seien Letztere, so Murmelstein in seinen Erinnerungen, immer als Erste für die Transporte ausgesucht worden. In einem anschließenden Gespräch mit Karl Rahm, dem Kommandanten von Theresienstadt, gewann Murmelstein zudem die Überzeugung, dass der Zug tatsächlich in die Schweiz fahren solle und es kein Täuschungsmanöver der SS sei.[10] Es erging ein Aufruf, sich zu melden. Bei der Durchsicht der Unterlagen derjenigen Personen, die die Ausreise antreten wollten, ermittelte man 2000 infrage kommende Ghetto-Insassen, aus denen Günther und Rahm persönlich insgesamt 1200 Menschen auswählten.

Die bange Frage unter den Ausreisewilligen war nun, ob sie sich melden sollten oder nicht. Konnte man darauf vertrauen, dass dieser Zug, anders als alle anderen zuvor, wirklich nicht in den Osten, sondern nach Westen in die Schweiz fahren würde? Federica Spitzer erhielt Informationen aus erster Hand. Zur ihr kam Dr. Heinrich Klang, ein Richter und

9 Vgl. u. a. Catrina Schmid, Der Zug in die Freiheit. Das Schicksal jüdischer Gefangener aus dem KZ Theresienstadt und ihr Aufenthalt im Hadwig-Schulhaus in St. Gallen im Februar 1945. Eine Untersuchung von Einzelfällen und die Darstellung individueller Schicksale auf der Grundlage von Zeitzeugengesprächen und Quellenanalysen. Masterarbeit, Pädagogische Hochschule St. Gallen 2017, S. 45 f.; Manfred Flügge, Rettung ohne Retter oder: Ein Zug aus Theresienstadt, München 2004, S. 58 f. u. 145–152; Bauer, „Onkel Saly“, S. 204 f. u. 215; Adler, Theresienstadt, S. 199.

10 Vgl. Benjamin Murmelstein, Theresienstadt. Eichmanns Vorzeige-Ghetto, Wien 2014, S. 218–220.

Mitglied des Judenrats in Theresienstadt, der sie zu überzeugen versuchte: „Natürlich werden Sie es wieder für einen Schwindel – diesmal sogar einen besonders dick aufgetragenen – halten, wenn von einem Transport in die Schweiz die Rede ist. Ich selbst wollte zuerst auch nicht daran glauben, aber wir im Ältestenrat beobachten diesmal einige Anzeichen bei der Lagerkommandantur, aus denen wir mehr oder weniger sicher anzunehmen glauben, daß es diesmal wirklich so ist. [...] Ich bin zu Ihnen gekommen, um Ihnen zu sagen, daß ich Sie und Ihre Eltern auf die Liste setzen kann, wenn Sie damit einverstanden sind."[11]

Wie bei so vielen anderen, die die Kriterien erfüllten, war Federica Spitzer innerlich zerrissen und absolut unsicher, wie zu entscheiden sei: „Was stürmte in diesem Moment alles auf mich ein: Zweifel, Jubel über eine mögliche Befreiung, Angst vor einer Falle, die ins Verderben führt, Verantwortung für meine Eltern!"[12] Sie erbat sich etwas Zeit und konnte ein Treffen mit ihren Eltern arrangieren. Gemeinsam entschieden sie, sich zu melden. Am nächsten Tag stellten sie sich zur Registrierung an und harrten stundenlang aus, bis sie schließlich bei Rahm zur Prüfung an der Reihe waren. Sie hatten das Glück, dass sein berüchtigter Jähzorn sie nicht traf und sie die Prozedur reibungslos durchliefen.[13]

Danach ging alles ganz schnell. Die wenigen Habseligkeiten mussten gepackt und zum Zug gebracht werden. Dort erhielten die Menschen Brot, Marmelade, Wurst und Vitaminpräparate, eine Versorgung, die sie in der gesamten Zeit in Theresienstadt nie gesehen hatten. Auch das war ein Akt der Täuschung. In der Schweiz sollte man an eine gute Verpflegung in Theresienstadt glauben.

Den Tag über fuhr der Zug durch Deutschland. Hier bot sich den ungewöhnlichen Reisenden ein tröstliches Bild vom Untergang des NS-Regimes: „Nichts als zerschossene Städte bekamen wir zu sehen. Der Nürnberger Bahnhof ist vollständig abrasiert",[14] schreibt Camilla Hirsch

11 Theresienstadt. Aufzeichnungen von Federica Spitzer und Ruth Weisz. Mit einem Beitrag von Wolfgang Benz, Berlin 1997, S. 77.

12 Ebenda., S. 78.

13 Ebenda, S. 79–83.

14 Camilla Hirsch, Tagebuch aus Theresienstadt. Hrsg. von Beit Theresienstadt, Wien 2017, S. 138.

am 8. Februar 1945 in der Schweiz rückblickend in ihr Tagebuch. Die 75-Jährige hatte ebenfalls die Kriterien erfüllt und sich erfolgreich registrieren können.

Ankunft in der Schweiz

Am 7. Februar kam der Zug schließlich nach Erledigung letzter Formalitäten in Kreuzlingen an, dem ersten Schweizer Bahnhof hinter der Grenze. Der Empfang dort war für die Menschen aus Theresienstadt nach den Jahren und Monaten der Unterdrückung, Gewalt und Entbehrung überwältigend. Federica Spitzer erinnert sich: „Es war kaum zu glauben, daß uns da wildfremde Menschen empfangen wollten. Und sie lächelten auch noch! Jahrelang, seit Beginn der Naziherrschaft, hatten uns die Menschen böse, gehässig, ja drohend angeblickt, ein Teil wohl auch mitleidig und traurig. Aber angelächelt hat uns nie jemand. Es wurde uns warm ums Herz. [...] Tränen liefen uns über die Wangen."[15] Die Menschen brachten Äpfel, Gebäck, Zigaretten; in St. Gallen flogen auch Schokoladentafeln, wie Zvi Cohen sich erinnert.

In Kreuzlingen mussten alle in einen Schweizer Zug umsteigen, der sie schließlich nach St. Gallen brachte, wo sie im Schulhaus untergebracht wurden. Hier trafen sie auf vorbereitete und vor allem geheizte Räume, Decken und Essen wurden ausgeteilt. Wer medizinischer Hilfe bedurfte, erhielt sie noch am Abend. Die nächsten Tage vergingen mit der Registrierung der Neuankömmlinge, einer ärztlichen Untersuchung, der Entlausung und Ähnlichem mehr. Der eingangs zitierte Arzt Hans Richard von Fels war unermüdlich aktiv. In sein Tagebuch schrieb er über die Reaktionen der Geretteten: „Sie beginnen zu flennen, wenn man nett zu ihnen spricht, und wünschen einem als Dank für unsere Selbstverständlichkeiten Gottes Segen."[16]

In St. Gallen blieben die ehemaligen Gefangenen aus Theresienstadt nur wenige Tage, die Letzten verließen den Ort am 15. Februar. Federica

15 Theresienstadt. Aufzeichnungen von Federica Spitzer und Ruth Weisz, S. 92.

16 Zit. nach: Schmid, Zug, S. 55.

Spitzer kam wie Horst und seine Familie nach Les Avants in das Grand Hotel. Auch Camilla Hirsch gelangte dorthin und schrieb am 12. Februar glücklich in ihr Tagebuch: „Es ist wie ein Traum. Die Aussicht von meinem Balkon ist das Herrlichste, was man sich denken kann. Wir sind hoch oben am Berg und zu unseren Füssen sehen wir den Genfersee und das ihn umsäumende Gebirge. [...] Es ist alles wie ein Traum, was ich in der letzten Zeit erlebt habe.“[17]

Andere Menschen aus dem Zug kamen von St. Gallen in Auffanglager in Adliswil und Belmont-Montreux, wo sie jeweils bis zum Kriegsende blieben, um dann so schnell wie möglich in ihre Heimatländer zurückzukehren oder in die USA auszuwandern.[18] Nicht wenige wanderten nach Palästina, das spätere Israel, aus – so wie Horst Cohn mit seinen Eltern. Dort änderte er seinen Namen in Zvi Cohen.

17 Hirsch, Tagebuch, S. 140.
18 Schmid, Zug, S. 60.

Editorische Nachbemerkungen

Wir erfuhren von Zvi Cohen durch den Dokumentarfilm „Erhobenen Hauptes“ und trafen ihn zum ersten Mal 2014 an seinem Arbeitsplatz im Kibbuz Ma’abarot. Er beeindruckte uns durch die offene Art, mit der er seine Geschichte erzählte. Er sprach ohne Verbitterung über die Zeit seiner Verfolgung und erinnerte immer wieder daran, dass er nur durch unvorstellbares Glück hat überleben können.

Wir hielten Kontakt, und als wir ihn Ende 2015 erneut in Israel besuchten, drückte er uns ein Exemplar seines autobiografischen Berichtes in die Hand: „Kennt ihr vielleicht jemanden, der mein Buch auf Deutsch herausbringen will?“ Kurzentschlossen versprachen wir ihm, das Projekt selbst in die Hand zu nehmen, ohne wirklich zu wissen, was das bedeutete. Wir ließen den hebräischen Originaltext übersetzen und begannen im Herbst 2016 mit der Überarbeitung.

Regelmäßig am Wochenende sprach Zvi Cohen per Skype mit uns. Wir recherchierten zur Ergänzung in Archiven und lasen einschlägige Sekundärliteratur. So konnten wir gemeinsam seinen Bericht komplettieren und für die deutsche Fassung um etliche Schilderungen erweitern.

Unser Verhältnis zu Zvi Cohen war anfänglich vor allem von der gemeinsamen Aufgabe geprägt, sein Buch für das deutschsprachige Publikum herauszugeben. Nach und nach entwickelte sich eine enge Freundschaft. Wir haben ihn und seinen Bruder Abi in Israel besucht und die beiden häufig auf ihren Reisen in Deutschland getroffen. Wir erinnern uns besonders gerne an einen Aufenthalt im paradiesisch blühenden Kibbuz Ma’abarot im April 2017. Dabei lernten wir auch Zvi Cohens Lebensgefährtin Lea Rolnick, genannt Leeki, kennen. Sie empfing uns mit der ihr eigenen Herzlichkeit, und wir fühlten mit Zvi, als sie vergangenes Jahr plötzlich verstarb.

Wer Zvi Cohen trifft, erlebt einen aufmerksamen und interessierten Mann, der auffällig jung wirkt. Wenn er erzählt, kann er sein häufig jugendliches Publikum mit seiner Lebensgeschichte berühren. Er hat

Jörg Huber, Zvi Cohen, Abi Cohen und Elisa Makowski (v. l. n. r.)
im Kibbuz Ma'abarot im April 2017
Privatbesitz Elisa Makowski

trotz seiner Erfahrungen niemals die Hoffnung aufgegeben, dass die Zukunft eine bessere werden könnte. Auch seine sichtliche Freude über unsere kürzlich geborene Tochter entspringt seiner Liebe zum Leben.

Mit Zvi Cohen verbindet uns der dringende Wunsch, dem neuerlichen Erstarken des Antisemitismus entgegenzuwirken. Sein Zuhause, die israelische Gesellschaft und ihr Staat bieten den Juden aus aller Welt den Schutz und die Freiheit, die ihnen etliche Nationen immer noch oder schon wieder vorenthalten.

Elisa Makowski und Jörg Huber
Frankfurt am Main im August 2019

Danksagung

Wir möchten zuerst Maya Tal danken, ohne deren Neugier und Beharrlichkeit Zvi Cohen die hebräische Vorlage zu diesem Buch nicht verfasst hätte. Dr. Denis Maier hat für uns den hebräischen Originaltext gelesen. Seine Empfehlung hat uns motiviert, die deutsche Fassung in Angriff zu nehmen. Dank gebührt Catrina Schmid für den Austausch von Texten, Originaldokumenten und Interviews für das Kapitel über den Zug in die Freiheit.

Caterina Kirsten und Felix Rudloff von der Agentur Copywrite haben uns mit äußerst hilfreichen Anregungen zum Aufbau des Buches geholfen. Nicht zuletzt mit ihrem Redigat haben uns unsere Freunde Christine Eidmann und Stefan Coels sehr unterstützt. Alix Czaplinski, Elisabeth Turvold, Nicole Widera und Elias Wildpanner von der Arbeitsstelle Holocaustliteratur an der Justus-Liebig-Universität Gießen danken wir für die gründliche Lektüre des Manuskripts und ihre hilfreichen Korrekturen. Für ihre frühe und unkomplizierte Zusage eines Druckkostenzuschusses danken wir der in Berlin ansässigen Ursula Lachnit-Fixson Stiftung. Der Kulturstiftung des DFB, namentlich Herrn Olliver Tietz, danken wir für ihre freundliche Unterstützung.

Zvi Cohen, Jörg Huber und Elisa Makowski

Quellen und Sekundärliteratur

Archiv von Gedenkstätte und Museum Sachsenhausen, Oranienburg
Arolsen Archives (vormals: ITS Arolsen), Bad Arolsen
Bundesarchiv Bern, Schweiz.

Bauer, Yehuda, „Onkel Saly" – Die Verhandlungen des Saly Mayer zur Rettung der Juden 1944/45, in: Vierteljahrshefte für Zeitgeschichte 25 (1977) 2, S. 188–192.

Benz, Wolfgang, Theresienstadt: Eine Geschichte von Täuschung und Vernichtung, München 2013.

Brenner-Wonschick, Hannelore: Die Mädchen von Zimmer 28. Freundschaft, Hoffnung und Überleben in Theresienstadt, München 2004.

Friedländer, Saul, Das Dritte Reich und die Juden. Verfolgung und Vernichtung 1933-1945, Bonn 2006

Krummenacher, Jörg, Die freigekauften Juden aus Theresienstadt, Artikel auf nzz.ch vom 9.2.2015.

Lanzmann, Claude, Ein Lebender geht vorbei, Dokumentarfilm, absolut Medien Fridolfing.

– Der letzte der Ungerechten, Dokumentarfilm, absolut Medien Fridolfing.

Murmelstein, Benjamin, Theresienstadt. Eichmanns Vorzeige-Ghetto, Wien 2014.

Schmid, Catrina, Der Zug in die Freiheit. Das Schicksal jüdischer Gefangener aus dem KZ Theresienstadt und ihr Aufenthalt im Hadwig-Schulhaus in St. Gallen im Februar 1945, Masterarbeit, Vilters/Schweiz 2017.

Smilga, Julia, Ein Richter ruiniert seine Karriere im Kampf um Ghettorenten, in: Bayerischer Rundfunk, 10. 12. 2017, https://www.br.de/nachrichten/deutschland-welt/richter-ruiniert-seine-karriere-im-kampf-um-ghettorenten,QdKhJqe [31. 7. 2019].

Sudrow, Anne, Der Schuh im Nationalsozialismus. Eine Produktgeschichte im deutsch-britisch-amerikanischen Vergleich, Göttingen 2010.

Studien und Dokumente zur Holocaust- und Lagerliteratur

Band 1
MICHAEL KRAUS
Tagebuch 1942–1945
Aufzeichnungen eines Fünfzehnjährigen aus dem Holocaust
Aus dem Tschechischen von Kristina Kallert
Mai 2015 | ISBN: 978-3-86331-236-7 | 143 Seiten | 19,– Euro

Band 2
MENDEL SZAJNFELD
Erzähl, was mit uns geschehen ist!
Erinnerungen an den Holocaust
Bearbeitet von Simon Szajnfeld
März 2016 | ISBN: 978-3-86331-275-6 | 304 Seiten | 22,– Euro

Band 3
RUTH BARNETT
Nationalität: Staatenlos
Die Geschichte der Selbstfindung eines Kindertransportkindes
Dezember 2016 | ISBN: 978-3-86331-309-8 | 276 Seiten | 19,– Euro

Band 4
JERZY JURANDOT
Die Liebe sucht eine Wohnung
Eine Komödie aus dem Warschauer Getto
Hrsg. von Markus Roth und David Safier
Aus dem Polnischen von Danuta Strobel unter Mitarbeit von Markus Roth
Februar 2017 | ISBN: 978-3-86331-333-3 | 159 Seiten | 16,– Euro

Band 5
MARIA GABRIELSEN, ODDVAR SCHJØLBERG
Angezeigt von Mama
Die Geschichte einer Denunziation
Aus dem Norwegischen von Elisabeth Turvold. Hrsg. von Markus Roth u. Elisabeth Turvold
August 2018 | ISBN: 978-3-86331-413-2
136 Seiten | 16,– Euro

Band 6
FRANCESCO FAUSTO NITTI
Pferde: 8 – Personen: 70
Von Südfrankreich nach Dachau. Ein zeitgenössischer Bericht über den „Geisterzug" 1944
Aus dem Französischen von Günter Leitzgen. Hrsg. von Charlotte Kitzinger u. Markus Roth
November 2018 | ISBN: 978-3-86331-418-7 | 120 Seiten | 16,– Euro

Band 7
JANINA HESCHELES
Mit den Augen eines zwölfjährigen Mädchens
Ghetto – Lager – Versteck
Aus dem Polnischen von Christina-Marie Hauptmeier. Hrsg. von Markus Roth
März 2019 | ISBN: 978-3-86331-456-9 | 144 Seiten | 16,– Euro